Die Welt des Übersinnlichen

ein Ullstein Buch

Ullstein Buch Nr. 3505
im Verlag Ullstein GmbH,
Frankfurt/M — Berlin — Wien
Englischer Originaltitel:
Vampires, Zombies and Monster Men
Übersetzt von Bernd Rullkötter

Deutsche Erstausgabe

Umschlagentwurf: Hansbernd Lindemann
Umschlagabbildung: Boleslas Biegas »Kuß des Vampirs«
[Le Musée Adam Mickiewicz: La Societé Historique
et Littéraire, Paris; Photo: J.-L. Charmet]
Alle Rechte vorbehalten
© 1975 Aldus Books Limited, London
Deutsche Ausgabe © 1978 by Verlag Ullstein GmbH,
Frankfurt/M — Berlin — Wien
Printed in Germany 1978
Gesamtherstellung:
Augsburger Druck- und Verlagshaus
ISBN 3 548 0 3505 1

CIP-Kurztitelaufnahme der Deutschen Bibliothek
Farson, Daniel:
Vampire und andere Monster / Daniel Farson.
[Übers. von Bernd Rullkötter].
— Dt. Erstausg. — Frankfurt/M, Berlin, Wien: Ullstein, 1978.
(Ullstein-Bücher; Nr. 3505: Die Welt d. Übersinnlichen)
Einheitssacht.: Vampires, zombies, and monster men ⟨dt.⟩
ISBN 3-548-03505-1

Daniel Farson

Vampire und andere Monster

Mit 26 farbigen und 78 einfarbigen Abbildungen

ein Ullstein Buch

INHALT

DIE VAMPIRLEGENDE

Eines Nachts, im Januar 1973, wurde John Pye, ein junger britischer Polizist, herbeigerufen, um in einem Todesfall Ermittlungen anzustellen. Innerhalb einer Stunde verwandelte sich das, was den Eindruck einer Routineaufgabe gemacht hatte, in einen der merkwürdigsten Fälle, mit denen ein Polizist je zu tun hatte. Schutzmann Pye fand das Zimmer des Toten in Dunkelheit getaucht vor. Wie es schien, hatte der Mann solche Angst vor Elektrizität gehabt, daß es keine Glühbirnen in seinem Zimmer gab. Langsam enthüllte der Strahl aus der Taschenlampe des Polizisten eine außergewöhnliche Szene. Pye stand vor einer Festung, die für den Angriff durch Vampire gerüstet war. Im ganzen Zimmer war Salz verschüttet, und auch die Decken waren damit bestreut; ein Sack mit Salz stand neben dem Toten, ein weiterer lag zwischen seinen Beinen. Der Mann hatte in verschiedenen Behältern Salz mit seinem Urin vermischt. Draußen auf das Fenstersims hatte er eine umgestülpte Schüssel gestellt, die eine Mischung aus menschlichem Kot und Knoblauch bedeckte.

Der Tote war Demetrious Myiciura, ein polnischer Einwanderer, der 25 Jahre zuvor aus seinem Land nach Großbritannien gekommen war. Er hatte als Töpfer in Stoke-on-Trent, im Herzen des Tonwarengebietes von England, gearbeitet. Hier ereilte ihn dieser eigenartige Tod. Es wäre schwierig, sich einen Ort vorzustellen, der den traditionsgemäß von Vampiren heimgesuchten Wäldern von Siebenbürgen in Rumänien ferner wäre. Stoke-on-Trent ist eine Industriestadt, die in einer von Fabrikschornsteinen und Halden verstümmelten Landschaft liegt. Dem Bahnhof gegenüber steht ein großes altmodisches Hotel, vor dem sich ein Denkmal von Josiah Wedgwood befindet, dem berühmtesten Bürger der Stadt, der die Töpferei zu einer bedeutenden Industrie machte. Es gibt das übliche imposante Rathaus, aber die Straßen mit ihren kleinen Häusern sind einheitlich schwarz und eng. Deshalb ist es um so überraschender, wenn man plötzlich auf die Reihe ausladender altertümlicher Gebäude stößt, in der Myiciura sein Heim hatte. Die Häuser wirken düster und irgendwie unheimlich. Sie werden einfach »Die Villen« genannt; in Nummer 3 wurde Myiciura vom Tode ereilt.

Die Leiche wurde wie immer in solchen Fällen zur Untersuchung gebracht. Bei der Leichenschau berichtete der Arzt, daß Myiciura an einer eingelegten Zwiebel erstickt sei. Der Leichenbeschauer hielt das für ungewöhnlich, meinte aber, es könne vorkommen, daß jemand »sein Essen hinunterschlingt und stirbt«. Doch der junge Polizist konnte nicht vergessen, was er gesehen hatte. Er war in die öffentliche Bücherei gegangen und hatte das Buch *Natural History of the Vampire* von Anthony Masters gelesen. Sein Mißtrauen bestätigte sich: Salz und Knoblauch sind die traditionellen Abwehrmittel gegen Vampire; die Mischung auf Myiciuras Fenstersims hatte die Vampire anziehen und der Knoblauch sie dann vergiften sollen. Als der Leichenbeschauer davon erfuhr, ordnete er eine neue Untersuchung der angeblichen eingelegten Zwiebel an. Sie erwies sich als Knoblauchzehe. Es war die letzte verzweifelte Maßnahme dieses unglückseligen Mannes gewesen, mit einer Knoblauchzehe im Mund zu schlafen, um die Vampire abzuwehren. An diesem Knoblauch war er erstickt. Auf indirekte Weise war er den Vampiren also doch zum Opfer gefallen.

Was sind diese Vampire, die Myiciura buchstäblich zu Tode erschreckten? Vampire sind weder tote noch lebende Körper, die sich nachts aus ihren Gräbern erheben und das Blut der Lebenden saugen. Sie entziehen ihren Opfern, die dann ihrerseits zu Vampiren werden müssen, allmählich ihr ganzes Blut. Die legendäre Heimat des Vampirs ist in Osteuropa, vor allem in Rumänien. Dort, in der Provinz Siebenbürgen, ließ der britische Autor Bram Stoker seine berühmte Geschichte von Dracula spielen. Sein Graf Dracula, mit den geblähten Nasenflügeln, den blutroten Lippen und den langen scharfen Zähnen, entspricht heute unserer typischen Vorstellung eines Vampirs. Aber Dracula konnte sich wie die legendären Vampire ohne Mühe in ein Tier, zum Beispiel in einen Wolf oder eine Fledermaus, verwandeln. Ein Vampir kann sogar zu Dunst werden, um auf die Suche nach seinem gewählten Opfer Fensterrahmen zu durchdringen. Wenn ihre grauenhafte blutige Mahlzeit vorüber ist, kriechen die Vampire in ihren Sarg zurück. Dem Gerücht nach sehen Vampire immer aus, als wären sie noch am Leben — gleichgültig wie lange sie schon begraben sind. Knoblauch, Salz oder ein Kruzifix können sie vertreiben, aber man kann sie nur vernichten, indem man einen Pfahl durch ihr Herz treibt, wobei sie einen entsetzlichen Todesschrei ausstoßen. Außerdem mag es nötig sein, sie zu köpfen und zu verbrennen.

Ein primitiver Aberglauben? Vielleicht. Myiciura hatte jedenfalls keinen Zweifel daran. Er war davon überzeugt, daß Vampire existieren — und nicht nur in den fernen Wäldern von Siebenbürgen. Demetrious Myiciura fühlte sich in einer britischen Stadt der siebziger Jahre des zwanzigsten Jahrhunderts von Vampiren bedroht.

»Dieser Mann war seinem Glauben wirklich verfallen«, bemerkte der Leichenbeschauer später. Er bestritt, daß Myiciura geistesgestört gewesen sei, sondern räumte nur ein, daß er »vielleicht besessen war«. Der Pole, der im Jahre 1904 geboren wurde, hatte im Zweiten Weltkrieg alles verloren. Die Deutschen hatten ihn von seinem Hof vertrieben und seine Frau und seine anderen Angehörigen getötet. Ohne jede

Wesen, die sich vom Lebensblut anderer ernähren, haben die Menschen auf der ganzen Welt über die Jahrhunderte hinweg besonders entsetzt und fasziniert. Manche glauben an wirkliche Vampire, und fast jeder gruselt sich bei den bösen Taten Draculas, ob in der Literatur oder auf der Leinwand. Bela Lugosi, der hier bei einem Überfall auf die Schauspielerin Helen Chandler in dem Film *Dracula* von 1931 gezeigt wird, vernarrte sich so sehr in die Rolle, daß er sich in seinem schwarzen Dracula-Umhang, der innen mit Scharlachrot — der Farbe des Blutes— abgesetzt war, begraben ließ.

Habe kam er nach dem Krieg in England an.

»Ich bin schon lange beim Gericht tätig«, sagte der Leichenbeschauer, »und habe mit Fällen aller Art zu tun gehabt. Ich habe jede mögliche Verderbtheit, jede mögliche Dummheit erlebt, aber ich kann mir vorstellen, was in diesem Mann vorging. Er hatte viel Böses durchgemacht. Deshalb beschloß er, sich an das Böse zu klammern, und zufällig glaubte er an Vampire. Ich bin sogar nach dieser Untersuchung davon überzeugt, daß der Mann wirklich vor Vampiren Angst hatte und nicht versuchte, sich zu töten.«

Sogar in New York — das sicher keinen sehr ergiebigen Jagdgrund für Vampire darstellt — hat der Schriftsteller Jeffrey Blyth kürzlich über zwei merkwürdige Fälle berichtet. Ein Mädchen, das sich Lillith nannte, erzählte zwei spiritistischen Forschern, sie habe auf einem Friedhof einen jungen Mann getroffen, der versucht habe, sie zu küssen. Es ist unklar, wie sie überhaupt auf den Friedhof geriet. Jedenfalls ließ sie sich nicht küssen, sondern schlug die Zähne mit solcher Kraft in den Hals des Mannes, daß Blut hervortrat. »Ich habe mich nie für einen Dracula gehalten«, sagte sie, »sondern höchstens für einen sehr bösen Menschen, dem der Geschmack von Blut gefällt.« Der zweite Vampir war ein junger Mann namens Carl Johnson, der in das Zimmer seiner Schwester schlich, während sie schlief, sie vorsichtig ins Bein stach und ihr Blut saugte. Er behauptete, dadurch durstig geworden zu sein. Während er weiter an seinem Opfer saugte, habe er gemerkt, daß sich seine Kräfte verstärkten.

Diese Beispiele deuten darauf hin, daß der Vampirismus alles andere als eine Legende der Vergangenheit ist. Es gibt ihn noch heute, wenn auch vielleicht nur in der Einbildung der Menschen. Tatsächlich ist erstaunlich, in welchem Maße sich das Interesse an Vampiren zu beiden Seiten des Atlantischen Ozeans wiederbelebt hat. In Kalifornien wurde ebenso wie in London eine Dracula-Gesellschaft gegründet. Zeitgenössische britische Schriftsteller haben Vampire studiert, und Professoren in den Vereinigten Staaten und Kanada haben Bücher und Artikel über dieses Thema veröffentlicht. Immer noch werden zahllose Filme über Dracula und andere Vampire gemacht; diese Filme liefern dann Material für weitere Studien. In Großbritannien enthüllte eine nationale Meinungsumfrage, daß der Schauspieler Denholm Elliott zu dem Menschen des Landes geworden war, von dem man am häufigsten träumte, nachdem er den Grafen Dracula im Fernsehen dargestellt hatte. Außerdem hat man kürzlich festgestellt, daß geisteskranke Patienten dazu neigen, sich ebenso oft mit Graf Dracula wie mit Napoleon zu identifizieren.

Als bisher letzte beuten auch Reisebüros diesen Trend aus. Eine amerikanische Fluggesellschaft spielte den Vorreiter und bot 1972 eine »Gesellschaftsreise mit einem zähnefletschenden Grinsen« an, und die erste

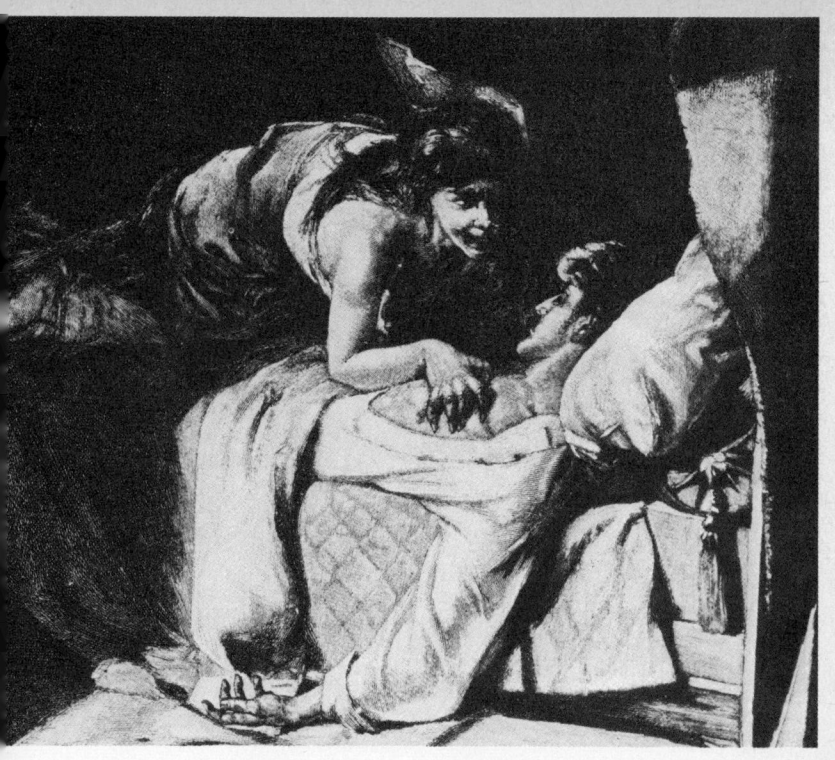

Auf diesem Kupferstich des 19. Jahrhunderts schickt sich ein weiblicher Vampir an, Zähne und Nägel in sein Opfer zu schlagen. Der starke sexuelle Aspekt des Vampirismus ist eindeutig, wie die raubtierhafte Frau über dem hilflosen Mann im Bett kauert.

Malayische Vampirdämonen. Der linke saugt das Blut von Frauen im Kindbett. Der andere überfällt Kinder und trinkt ihr Blut, weil sein eigenes Kind tot geboren wurde.

Der Autor, Großneffe des Verfassers von *Dracula*, Bram Stoker, auf dem Highgate-Friedhof.

Die alten Griechen hielten Lamia für einen bösen Geist mit Vampirgewohnheiten. Eine ihrer Gestalten war die einer Schlange mit dem Gesicht und den Brüsten einer Frau.

Der Dichter Keats bearbeitete einen anderen alten Glauben über Lamia und gab ihr die Fähigkeit, sich in eine schöne junge Frau zu verwandeln. Diese Illustration zu Keats' Gedicht zeigt die bezaubernde Lamia, die das Herz des Helden Lycius gewonnen hat. Das Gedicht endet tragisch, als sich Lamia in eine Schlange zurückverwandelt.

»Dracula-Tour« einer englischen Gesellschaft startete 1974 nach Rumänien. Inzwischen sind auch die Rumänen selbst darauf gestoßen, welch ungewöhnliches Touristenpotential Siebenbürgen in sich birgt. Sie planen, dieses Horrorgegenstück zu Disneyland zu Geld zu machen, indem sie Dracula-Puppen an den Souvenirständen verkaufen und 1977 das Schloß-Dracula-Hotel eröffnen. Das Hotel wird in der Borgo-Schlucht liegen, die durch Stokers Geschichte berühmt wurde; auf Tonband aufgenommenes Wolfsheulen wird an vorher festgesetzten Stellen ertönen, während die Touristen durch die nebelige Abenddämmerung ihrem Ziel entgegenfahren.

Meistens ist diese Beschäftigung mit Vampiren wenig mehr als ein harmloses Spiel der Fantasie. Aber es gibt Elemente, die beunruhigen — wie die kürzliche Entweihung von Friedhöfen in Großbritannien. Die Friedhofsaktivitäten erreichten mit den sogenannten Vampirjägern des Highgate Cemetery in London einen unangenehmen Höhepunkt. Highgate Cemetery war einst eine glanzvolle Ruhestätte. Er wurde von den besten britischen Architekten und Landschaftsgärtnern des 19. Jahrhunderts entworfen und besitzt anmutige Alleen, in denen die Familien der Verstorbenen spazieren gehen konnten. Inzwischen ist er jedoch verwildert und so dicht zugewachsen, daß die Atmosphäre sogar an einem hellen sonnenerleuchteten Morgen Unheil verkündet. Berichte von schwarzer Magie sind nur zu glaubhaft, und die Spuren von Zerstörungswütigen fallen sofort ins Auge.

Die Öffentlichkeit wurde im Jahre 1974 durch die Verhandlung gegen den achtundzwanzigjährigen David Farrant, den selbsternannten Hohepriester und Vorsitzenden der Occult Society, auf den Fall der Vampirjäger aufmerksam gemacht. Die Publizität war begrenzt, da die Einzelheiten des Falles zu bizarr für den gewöhnlichen Zeitungsleser wirkten. Allerdings sorgten die Verfasser von Schlagzeilen für einiges Aufsehen mit Überschriften wie »Kapriolen zwischen den Katakomben« und »Casanova-Zauberer versagt als Liebhaber«. Die Geschworenen erfuhren von nackten Mädchen, die auf entweihten Gräbern getanzt hatten. Das veranlaßte den Richter dazu, mit trockenem juristischem Humor zu bemerken, daß sie es im Oktober äußerst kühl gefunden haben mußten.

Folgendes geschah: Einhundert Vampirjäger hatten sich auf dem Highgate Cemetery versammelt, nachdem Gerüchte von einem 2,10 Meter großen, über den Gräbern schwebenden Vampir aufgetaucht waren. Die verblüfften Geschworenen hörten, daß man Eisenpfähle durch verstümmelte Leichen getrieben hatte, nachdem die Grabstätten aufgebrochen worden waren. (Die Körper wurden später von den Friedhofsangestellten so diskret wie möglich in die Gräber zurückgebracht, um die Gefühle der Verwandten zu schonen.) Ein Architekt, der seinen Wagen direkt vor den Friedhofstoren geparkt hatte, kehrte zurück und fand eine kopflose Leiche vor, die gegen das Lenkrad gelehnt war.

Fotografien eines nackten Mädchens auf einem Grab wurden in Farrants Wohnung entdeckt, und als ein Polizeiinspektor einen der Zeugen besuchte, merkte er, daß »er Salz um die Zimmerfenster und die Tür gestreut und ein großes Holzkreuz unter seinem Kissen verborgen hatte«. Außerdem fand man heraus, daß Voodoo-Puppen mit Nadeln in der Brust an mögliche Belastungszeugen von Farrant geschickt worden waren.

Farrant wurde angeklagt, eine Gedächtnisstätte der Verstorbenen beschädigt, Grüften auf geweihtem Boden betreten und die sterblichen Überreste eines Körpers »zur großen Schmach und Schande von Religion, Anstand und Moral« manipuliert und entwürdigt zu haben. Er gab zu, daß er den Friedhof oft besucht hatte, bestritt aber alle Anklagepunkte und trat als sein eigener Verteidiger auf. Der Richter bezog sich auf »diese gräßliche Manipulation« und verurteilte ihn zu einer Gefängnisstrafe von fast fünf Jahren.

Es wäre verlockend und vielleicht zutreffend, solche Fälle als eine Art krankhafter Verirrung abzuwerten. Doch nicht weit vom Highgate Cemetery entfernt lebt ein Mann, der Gerüchte über Vampirismus ernst nimmt. Der Geistliche Christopher Neil-Smith ist ein führender britischer Exorzist und Schriftsteller über das Thema Teufelsaustreibung. Er kann mehrere Beispiele von Menschen anführen, die ihn um Hilfe gegen Vampire gebeten haben. »Ein besonders auffälliges Beispiel ist das einer Frau, die mir über Nacht erschienene Wunden an ihren Handgelenken zeigte, aus denen zweifellos Blut entzogen worden war. Es gab keine Erklärung für diese Verletzungen, sie sahen aus, als rührten sie von einem Tier her, das sie gekratzt hatte.« Er bestreitet, daß die Frau selbst dafür verantwortlich gewesen sein könnte. Sie kam zu ihm, als sie fühlte, daß ihr Blut ausgesaugt wurde. Nachdem er eine Teufelsaustreibung durchgeführt hatte, verschwanden die Wunden.

Ein Mann aus Südamerika »litt an ähnlichen Symptomen, als wenn ein Tier sein Blut gesaugt und ihn nachts angegriffen hätte«. Wieder konnte Reverend Neil-Smith keine verständliche Erklärung finden. In einem dritten Fall hatte ein Mann nach dem Tod seines Bruders das seltsame Gefühl, daß ihm sein Lebensblut allmählich ausgesaugt wurde. »Es scheint Beweise dafür zu geben, daß er recht hatte«, sagte Neil-Smith. »Vorher war er völlig normal gewesen, aber nach dem Tod seines Bruders spürte er, wie seine Vitalität dahinschwand, als ernähre sich der Geist seines Bruders von ihm. Nach dem Exorzismus fühlte er Befreiung und neue Kraft, als wenn neues Blut durch seine Adern rann.« Neil-Smith schließt die Möglichkeit einer einfachen psychologischen Erklärung aus, etwa ein Schuldgefühl des Überlebenden gegenüber seinem Bruder. »Zwischen ihnen hatte keine Unstimmigkeit bestanden. Lange Zeit war er sich nicht einmal sicher gewesen, daß er (der Vampir) tatsächlich sein Bruder war.«

Bram Stoker, der Autor von *Dracula*. Er nahm die Fäden der Vampirlegende auf und verflocht sie zu dem schaurigen Roman über den Vampirgrafen von Siebenbürgen. Stoker behauptete, seine Inspiration aus einem Alptraum bezogen zu haben, unter dem er litt, nachdem er zum Abendessen zu viele Krabben gegessen hatte. Das Buch war nach seiner Veröffentlichung im Jahre 1897 sofort ein Erfolg, und sein Graf Dracula hat danach seine Boshaftigkeit in Filmen, Dramen und anderen Büchern zur Schau gestellt.

Dieses Skelett eines Menschen, der vor 400 Jahren begraben wurde, war mit durch die Gelenke getriebenen Nieten am Sarg befestigt worden. Das Begräbnis fand zu einer Zeit in England statt, als die Menschen daran glaubten, daß Hexen unter ihnen lebten und daß die Toten aufstehen konnten. Dieser Körper gehörte vermutlich einem Menschen, der als Hexe oder Zauberer galt, und wurde bei der Beerdigung festgenagelt, um seinen unruhigen Geist an der Heimsuchung anderer zu hindern.

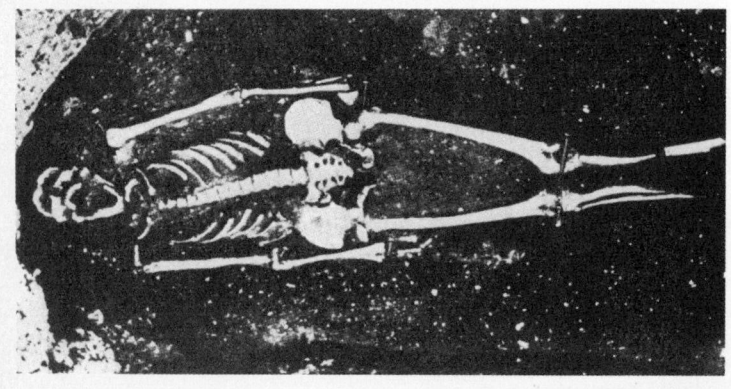

Der Geistliche beschreibt einen Vampir als »halb Mensch, halb Tier« und weist den Gedanken entschieden zurück, daß solche Dinge »nur in der Einbildung« bestehen. »Ich halte das für eine sehr naive Interpretation«, meint er. »Alle Belege deuten auf das Gegenteil hin.« Er bemerkt abschließend, daß Vampirismus wirklich existiert und bezeichnet diesen seltsamen Glauben als eine beharrliche Form der Teufelsanbetung.

Viele werden sagen, daß Neil-Smith sich leicht täuschen läßt. Die meisten werden Berichte über Vampirismus in der modernen Welt als Unsinn ablehnen. Und doch »gibt es mehr Dinge zwischen Himmel und Erde, als sich deiner Philosophie träumen läßt«, wie Hamlet Horatio in Shakespeares Drama vorhält. Aber schließen diese Dinge, die sich nicht erträumen lassen, auch Vampire ein? Wie kann man wirklich glauben, daß sich Leichen bei Nacht aus ihren Särgen erheben, um das Blut der Lebenden zu saugen, ihre Opfer zu neuen Vampiren zu machen und vor Tagesanbruch in ihre Gräber zurückzukehren? Skeptiker halten das für unmöglich; manche meinen sogar, dies sei die albernste Form des Aberglaubens.

Doch Menschen haben vom Beginn der Überlieferung an auf der ganzen Welt an Vampire geglaubt. Legenden reichen viele Jahrhunderte vor unserer Zeitrechnung bis ins alte Assyrien und Babylonien zurück — und immer schließt Vampirismus das Trinken von Blut, der lebensspendenden Flüssigkeit, ein.

Die Azteken gossen Blut in die Münder ihrer Götzen, in Indien tranken Radschas Blut aus abgetrennten Köpfen, in China bewachte die Familie eine Leiche in der Nacht vor der Beerdigung, damit nicht ein Hund oder eine Katze über den Körper sprang und ihn dadurch in einen Vampir verwandelte. Dieser Glaube wird in dem Buch *Gegengift gegen den Atheismus* wiederholt, das Dr. Henry Moore im 17. Jahrhundert schrieb. Er erzählt die Geschichte von Johannes Cuntius aus Schlesien, dessen Leiche vor der Beerdigung von einer schwarzen Katze gekratzt wurde. Tatsächlich gab es spätere Berichte darüber, daß Cuntius wieder aufgetaucht war und Blut getrunken hatte. Wie üblich grub man seine Leiche aus und fand sie angeblich in dem typischen guterhaltenen Vampirzustand wieder.

Die alten Griechen und nach ihnen die Römer glaubten an einen weiblichen Vampir namens *lamia,* der Männer verführte, um ihr Blut saugen zu können. Später prägten die Griechen ein anderes Wort für den Vampir: *vrukalakos,* ein Geschöpf, das die Toten wiederbeleben konnte und dessen Opfer sich dann an den Lebenden mästeten. Jeder — ob männlich oder weiblich — mit rotem Haar, einem Muttermal oder sogar mit blauen Augen stand im Verdacht, ein Vampir zu sein. Blaue Augen sind in Griechenland selten, aber auch die am Weihnachtstag Geborenen, ein siebter Sohn, ein Mensch mit einer Hasenscharte oder jeder, der auch nur im geringsten ungewöhnlich wirkte, waren verdächtig, so daß viele Menschen ohne Schwierigkeiten als Vampire abzustempeln waren.

Die griechische Insel Santorini (heute: Thera) wimmelte derartig von Vampiren, daß die Griechen den Ausspruch »einen Vampir nach Santorini schicken« im selben Sinne verwandten wie wir, wenn wir »Eulen nach Athen tragen«. Im Jahre 1717 stellte ein angesehener französischer Botaniker, Joseph de Tournefort, fest, daß es »auf dem ganzen Archipel keinen orthodoxen Griechen gibt, der nicht fest daran glaubt, daß der Teufel Leichen mit neuer Energie versehen und wiederbeleben kann«.

Uns näher liegt der Fall eines Mannes, der noch im Jahre 1874 in Rhode Island seine Tochter ausgrub und ihr Herz verbrannte, weil er glaubte, daß sie den übrigen Familienmitgliedern das Lebensblut entzog.

Die wahre Heimat des Vampirs liegt jedoch in Osteuropa. Die Vampirlegende, wie sie uns heute geläufig ist, wuchs in Rumänien und Ungarn etwa zu Beginn des 16. Jahrhunderts. Das Wort selbst ist von einem slawischen Begriff abgeleitet. Damals gab es zahlreiche Berichte von Vampiren in Osteuropa. Diese Berichte wurden von Reisenden aufgegriffen, deren Schriften die Vampirgeschichte in ganz Europa verbreiteten. Danach machte die erzählende Literatur den Vampir berühmt. Im 19. Jahrhundert stürzten sich Autoren von Horrorbestsellern auf das Vampirthema. Sogar große Dichter wie Byron, Goethe und Baudelaire versuchten sich daran. Es blieb jedoch dem britischen Schriftsteller Bram Stoker überlassen, die vielen verworrenen Fäden der Vampirlegende aufzugreifen und daraus den klassischen Roman *Dracula* zu spinnen, der im Jahre 1897 veröffentlicht wurde. Seine Mischung von Tatsachen und Dichtung hat unsere Vorstellung von Vampiren seitdem beherrscht.

Stoker hatte Siebenbürgen, das heute eine Provinz Rumäniens ist und in dem seine Geschichte beginnt, nie besucht. Aber er erforschte Museumsaufzeichnungen und Reiseführer über das Gebiet mit außerordentlicher Gründlichkeit, so daß *Dracula* viel authentische slawische Folklore enthält. Die Wahl von Siebenbürgen als Draculas Heimat war sehr geschickt. Die wirbelnden Nebel, die Bauern in ihren farbenprächtigen Nationaltrachten und die hölzernen Kruzifixe an der Borgo-Schlucht, die Stoker in seinem Buch beschrieb, sind immer noch da. In diesem Teil Europas gehörte der Vampirismus zu Leben und Tod. Der Geistliche Montague Summers, ein führender Historiker des Vampirismus, schrieb: »...in Rumänien gruppieren sich um den Vampir fast alle Arten von Glauben und Aberglauben, die ganz Osteuropa durchziehen.«

Wir neigen dazu, uns einen Vampir als bleich, hager und ausgemergelt vorzustellen. Das ist irreführend, denn nach seiner blutigen Mahlzeit wäre das Geschöpf satt, von rosiger Farbe und hätte rote Lippen.

16

Auf manche Weise ist dieses Bild des Vampirs als einer mit Blut gemästeten Gestalt sogar noch erschreckender. Aber gibt es solche Wesen, seien sie totenähnlich oder kräftig? Viele frühere Autoritäten, darunter auch der französische Mönch Dom Augustin Calmet, neigten zu dieser Ansicht. Er war der Verfasser einer der frühesten gelehrten Studien über Vampire, die im Jahre 1746 erschien. Calmet bemühte sich um Objektivität, doch er schrieb: »Man erzählt uns, daß Tote ... aus ihren Gräbern zurückkehren, Laute von sich geben, herumwandern, sowohl Menschen wie Tiere verletzen, indem sie ihnen ihr Blut rauben ... daß sie sie krank machen und schließlich ihren Tod verursachen. Die Menschen können sich nur dadurch befreien, daß sie die Leichen ausgraben und einen scharfen Pfahl hindurchtreiben, die Köpfe abschneiden, die Herzen herausreißen oder die Körper zu Asche verbrennen. Es scheint unmöglich, sich dem vorherrschenden Glauben nicht anzuschließen, daß diese Erscheinungen tatsächlich aus ihren Gräbern hervortreten.«

Andere hervorragende Autoren hatten keinen Zweifel an der Existenz von Vampiren. Jean-Jacques Rousseau, der berühmte französische Philosoph des 18. Jahrhunderts, erklärte: »Wenn es je in der Welt eine gerechtfertigte und bewiesene Geschichte gegeben hat, so ist es die der Vampire. Nichts fehlt: Offizielle Berichte, Aussagen von angesehenen Persönlichkeiten wie Chirurgen, Geistlichen, Richtern; das juristische Beweismaterial ist allumfassend.«

Heutzutage stimmt ihm Colin Wilson, Autor von *The Occult* (1971), zu. Er sagt: »Es *muß* einen Grund dafür gegeben haben, daß diese Vampirgeschichten plötzlich die Fantasie ganz Europas beschäftigten. Offensichtlich war *irgend etwas* geschehen, und es ist unwahrscheinlich, daß es sich um bloße Einbildung handelte.« Auch er bezieht sich auf die Dokumentationen: »Die Beispiele des Vampirismus sind so gut belegt, daß es absurd wäre, einen streng rationalistischen Standpunkt beibehalten zu wollen.«

Die Beweise, welche die Vampirlegende stützen, haben überraschendes Gewicht; viele von ihnen wurden von Militärchirurgen gesammelt und bestätigt. Zum Beispiel untersuchte in dem jugoslawischen Dorf Meduegna, nicht weit von Belgrad, eine Gruppe von Ärzten eine Vampir-Epidemie. Am 7. Januar 1732 unterzeichneten Johannes Flickinger, Isaac Seidel, Johann Baumgartner, ein Oberstleutnant und ein Unterleutnant aus der Hauptstadt Belgrad den medizinischen Bericht. Sie bestätigten, daß 14 Leichen untersucht worden waren. Nur zwei von ihnen — eine Mutter und ihr Baby — befanden sich im normalen Zustand der Verwesung. Alle anderen waren »unzweifelhaft im Vampirzustand«.

In der Mitte des 18. Jahrhunderts gab es so viele Berichte dieser Art über Vampirismus, daß ein Chirurg meinte, er habe sich »wie eine Pest über das Slawenland und die Wallachei verbreitet ... zahlreiche Opfer gefordert und das ganze Land in Angst vor den geheimnisvollen Besuchern versetzt, vor denen sich niemand sicher fühlte«.

Ein klassischer Fall jener Zeit betraf einen ungarischen Soldaten, der auf einem Hof in der Nähe der österreichisch-ungarischen Grenze Quartier bezogen hatte. Er aß eines Tages mit dem Bauern und seiner Familie zu Abend, als sich ihnen ein alter Mann anschloß. Der Soldat merkte, daß sich die Familie stark vor dem Mann zu fürchten schien, der den Bauern nur an der Schulter berührte und dann verschwand. Am nächsten Morgen erfuhr der Soldat, daß der Bauer tot sei. Anscheinend war der alte Mann der Vater seines Gastgebers gewesen und schon zehn Jahre zuvor gestorben. Als er seinen Sohn besuchte und berührte, kündigte er dessen Tod gleichzeitig an und verursachte ihn.

Der Soldat erzählte anderen Angehörigen seines Regiments diese Geschichte, und der alte Mann wurde bald als Vampir gebrandmarkt. Obwohl er seinem Sohn kein Blut geraubt hatte, zeigte sein Erscheinen, daß er zu den lebenden Toten gehörte; außerdem war er für den Tod seines Sohnes verantwortlich. Die Angelegenheit begann, die Soldaten in Unruhe zu versetzen, deshalb wurden von dem Infanteriebefehlshaber, einigen anderen Offizieren und einem Chirurgen Ermittlungen angestellt. Die Familie des Bauern wurde unter Eid befragt, die Dorfbewohner wurden zu Aussagen veranlaßt, und schließlich öffnete man das Grab des alten Mannes. Sein Körper wirkte wie der eines Menschen, der erst kurz vorher — nicht schon zehn Jahre zuvor — gestorben war, und »sein Blut war wie das eines Lebenden«. Der Regimentskommandeur befahl, den Kopf des Vampirs abzuschneiden. Danach wurde der Körper wieder zur Ruhe gelegt.

Während der Ermittlungen erfuhren die Offiziere von einem anderen Vampir, der in Abständen von zehn Jahren zurückkehrte, um das Blut von Angehörigen seiner Familie zu saugen. Es ist ein auffallendes Kennzeichen von Vampirgeschichten, daß die Verwandten oder Liebhaber des Vampirs gewöhnlich als erste angegriffen werden. Ein Beispiel in einem entlegenen Dorf in Jugoslawien betrifft einen besonders bösartigen Vampir, der drei seiner Nichten und einen Bruder innerhalb von vierzehn Tagen tötete. Er wurde gestört, als er gerade begonnen hatte, das Blut seines fünften Opfers, einer weiteren schönen jungen Nichte, zu saugen, und konnte fliehen.

Eine Abordnung, deren Mitglieder makellose Qualifikationen hatten, wurde aus Belgrad entsandt, um Nachforschungen anzustellen. Die Gruppe bestand aus zivilen und militärischen Offiziellen und einem Staatsanwalt. Begleitet von Dorfbewohnern, traten sie bei Einbruch der Dunkelheit an das Grab des Vampirs. Der Mann war drei Jahre zuvor beerdigt worden, doch als die Ermittler sein Grab öffneten, fanden sie seinen Körper unversehrt vor. Sein Haar, seine Fingernägel, Zähne und Augen waren alle in gutem Zustand. Sein Herz schlug noch, so unglaublich es klingt. Als die Ermittler einen Eisenpfahl durch das Herz des Körpers trieben, sprudelte eine weiße, mit Blut vermischte Flüssigkeit hervor. Dann schlugen sie den Kopf mit einer Axt ab. Erst als die Leiche wieder in ungelöschtem Kalk begraben worden war, begann die junge Nichte, die das fünfte Opfer des Vampirs geworden wäre, sich zu erholen. Gewöhnlich wurde in solchen Fällen berichtet, daß ein schrecklicher Geruch den Leichnam umhüllt habe, aber das ist nicht allzu überraschend. Ein Körper wurde plastisch als »aufgeblasen und angeschwollen wie ein großer Blutegel vor dem Bersten« beschrieben, und als der übliche Pfahl in die Brust eines anderen gestoßen wurde, »quoll eine Menge frischen scharlachroten Blutes hervor, ebenfalls aus dem Mund und der Nase; weiteres Blut floß aus jenem Körperteil, den zu nennen mir der Anstand verbietet«. In einem weiteren denkwürdigen Fall rannen Tränen aus den Augen des Vampirs, während er seinen letzten gequälten Schrei ausstieß.

Einer der Hauptgründe für die ausgeprägte Furcht der Menschen vor Vampiren liegt darin, daß sie angeblich die Macht haben, ihre Opfer mit ihrer eigenen unersättlichen Blutlust anzustecken. Manchen Traditionen zufolge werden nur solche Menschen selbst zu Vampiren, die nach wiederholten Angriffen an Blutverlust sterben. In anderen Geschichten wird behauptet, daß zwei Angriffe ausreichen und daß jedes Opfer nach seinem natürlichen Tod als neuer Vampir zurückkommt. Man sagt, daß der Vampir seine Opfer hypnotisiert, während er ihr Blut saugt, so daß sich der Betroffene nicht an sein grauenhaftes Erlebnis erinnert, sondern nur über gestörten Schlaf und einen eigenartigen Mangel an Energie klagt. Dadurch kann der Vampir, wenn er will, ungefährdet Nacht um Nacht zu demselben Opfer zurückkehren, bis es allmählich immer anämischer wird und stirbt. Zuweilen zeigen sich verräterische Punkturwunden am Hals des Opfers.

In den dreißiger Jahren des 18. Jahrhunderts wurde ein Beispiel dafür, wie ein Vampir einen anderen hervorbringt, dem Kaiserlichen Kriegskonzil in Wien gemeldet. Ein ungarischer Soldat namens Arnold Paole war davon betroffen. Ein umstürzender Wagen hatte ihn getötet, aber angeblich war er 30 Tage später von den Toten zurückgekehrt und hatte vier Opfer gefunden, die schließlich »auf die Art, die man traditionsgemäß mit Vampiren in Verbindung bringt« starben — vermutlich an der typischen Schwäche, die von Blutverlust herrührt. Freunde von Paole erinnerten sich daran, daß er erzählt hatte, er selbst sei während seines militärischen Dienstes an der türkisch-serbischen Grenze von einem Vampir angegriffen worden. Er glaubte jedoch, sich vor einer möglichen Ansteckung bewahrt zu haben, indem er das traditionelle Heilmittel anwandte: Er aß Erde vom Grab des Vampirs und rieb sich mit dessen Blut ein. Diese Methode war offensichtlich fehlgeschlagen, denn als Paoles Körper wieder ausgegraben wurde, »zeigte er alle

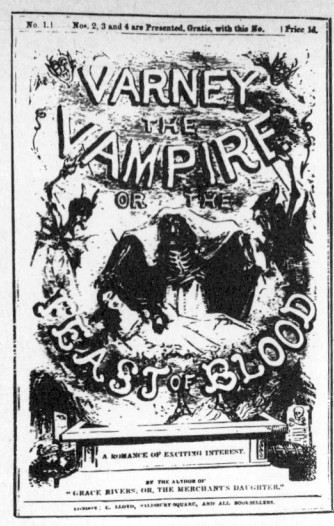

Stoker war nicht der erste, der das alte Thema des Vampirs zur Sensationsliteratur machte. Fast 50 Jahre vorher erschien »Varney der Vampir« als Schundromanserie mit unerschöpflicher Dramatik in 220 Episoden.

Eine der zahlreichen schönen Heldinnen wird von dem raubgierigen Sir Francis Varney bedrängt. Diese englischen Bücher wurden *penny dreadfuls* (etwa: Schauerromane) genannt, da sie unheimlich waren und für einen Penny verkauft wurden.

Soldaten brechen in ein Zimmer im Haus Sir Francis Varneys ein und entdecken einen Körper, der in seinem Sarg von einer aufrührerischen Menge mit einem Pfahl durchbohrt wurde.

Der Vampir frönt — fast am Ende des langatmigen Werkes — seiner schrecklichen Lust. Schließlich wirft sich Varney, »müde und angeekelt von einem Leben des Grauens«, recht unvermittelt (der Verleger muß kurzfristig angeordnet haben, die Serie zu beenden) in einen Vulkan.

Merkmale eines Erzvampirs; die Leiche war rot angelaufen, ihr Haar, ihre Nägel und ihr Bart waren gewachsen, und ihre Adern waren voll von flüssigem Blut, das über das Leichentuch sprudelte«. Der dortige Statthalter ordnete an, den unvermeidlichen Pfahl durch das Herz zu treiben, und der Vampir gab den bekannten Schrei von sich. Dann wurde der Körper verbrannt. Ebenso wurde mit den vier gerade verstorbenen Opfern verfahren, damit sie nicht aktiv werden konnten.

All diese Vorsichtsmaßnahmen erwiesen sich anscheinend als wirkungslos. Fünf Jahre später brach im selben Gebiet wieder Vampirismus aus, und siebzehn Menschen kamen um. Eine Frau behauptete, daß ihr Sohn, der neun Wochen vorher gestorben war, versucht habe, sie im Schlaf zu erdrosseln; sie verschied drei Tage später. Der Statthalter forderte weitere Ermittlungen, bei denen man erfuhr, daß Arnold Paole während seiner Rückkehr als Vampir nicht nur Menschen, sondern auch Tiere angegriffen hatte. Teile vom Fleisch dieser Tiere waren gegessen worden und hatten sodann die neue Epidemie hervorgerufen. Diesmal wurden alle neu infizierten Vampire ausgegraben, gepfählt, enthauptet und verbrannt. Um ganz sicher zu gehen, warf man ihre Asche in den Fluß. Diese Methode hatte endlich Erfolg, so daß der Schrecken aufhörte.

Örtliche Bischöfe ersuchten den Papst häufig um Rat zum Vampirproblem, aber ihnen wurde nur wenig Hilfe zuteil. Die Kirche hielt mit einiger Berechtigung daran fest, daß solche Erscheinungen auf Selbsttäuschungen beruhten. Einmal jedoch gab der Vatikan den vorsichtigen Rat, daß verdächtige Körper ausgegraben und verbrannt werden könnten. Dom Calmet gehörte zu den wenigen Autoritäten, die ihre gelegentlichen Zweifel überwanden und in der Lage waren, objektiv zu bleiben. Er bewies ein seltenes Mitgefühl für die Vampire, besonders wenn sie in Wirklichkeit unschuldige Opfer des Aberglaubens waren: »Sie wurden enthauptet, durchbohrt oder verbrannt, was ein großes Unrecht war, weil die Behauptung, daß sie zurückkehrten, um die Lebenden heimzusuchen und zu vernichten, niemals so ausreichend belegt wurde, daß solche Unmenschlichkeit begründet oder die Entehrung unschuldiger Menschen erlaubt gewesen wäre ... Das war nichts als das Ergebnis wilder und unbewiesener Anklagen, denn die Geschichten, die man von diesen Erscheinungen und all der Not, welche diese angeblichen Vampire verursachten, erzählt, sind ohne jede solide Grundlage.« Freimütig, wie er war, kam er am Ende allerdings zu dem Schluß: »Dies ist eine geheimnisvolle und schwierige Frage, und ich überlasse es kühneren und geschickteren Geistern, sie zu lösen.«

Dom Calmet benutzt zu Recht das Wort »geheimnisvoll«. Das Element des Geheimnisvollen könnte eine einfache Erklärung dafür liefern, weshalb die Vampirlegende ihre Faszination so lange bewahrt hat.

Es gibt jedoch Vampirgeschichten, die alles andere als unterhaltsam sind und aus echter Furcht hervorgingen. Ein Teil der Vampirlegende bestand darin, daß Menschen, die während ihres Lebens von der Gesellschaft geächtet wurden, auch nach ihrem Tod ausgestoßen bleiben würden und als Vampire zurückkehren könnten. Dies entspricht der westeuropäischen Überlieferung, daß ein Übeltäter — oder das Opfer eines Verbrechens — oft dazu verdammt ist, nach seinem Tod als Gespenst zurückzukehren. Die Kirche mag es nützlich gefunden haben, diesem Glauben nicht entgegenzuwirken, der als Warnung vor der Sünde diente. In Osteuropa wurde um 1645 behauptet, daß Menschen, die ein »sündhaftes und wüstes Leben« geführt hatten oder »von ihrem Bischof exkommuniziert« worden waren, wahrscheinlich dazu verurteilt waren, das Schicksal des Vampirs zu erleiden und für immer den ihnen verweigerten Frieden zu suchen. Die gleiche Drohung galt allen Selbstmördern, ohne angemessene religiöse Sakramente Begrabenen, Meineidigen, Menschen, die unter irgendeinem Fluch starben, und in Ungarn auch totgeborenen unehelichen Kindern von Eltern, die ebenfalls unehelich waren. Mit anderen Worten, jeder, der den gesellschaftlichen Konventionen seiner Zeit trotzte, konnte nach seinem Tod zu einem Vampir werden.

Man sagt, daß das Grab eines Vampirs stinkt, und der Atem des Geschöpfes soll seiner blutigen Nahrung wegen übel riechen. Das Erscheinen eines Vampirs wird ebenfalls oft durch einen abstoßenden Geruch angekündigt. Interessanterweise ist ein abscheulicher Gestank auch heute noch ein häufiges Element bei der Besessenheit durch den Teufel; er spielt eine herausragende Rolle in dem bekannten Buch *Der Exorzist* und dem danach gedrehten Film. Eine Vampirgeschichte, die diesen Aspekt vorzüglich untermalt, wurde von Dr. Henry Moore im Jahre 1653 nacherzählt. Sie betrifft einen Schlesier: »Eines Abends, als dieser Theologe mit seiner Frau und seinen Kindern dasaß und sich wie gewöhnlich der Musik widmete, erhob sich ein äußerst unangenehmer Gestank, der allmählich jeden Winkel des Raumes ausfüllte. Daraufhin empfahl er sich und seine Familie Gott durch ein Gebet. Der Gestank verstärkte sich nichtsdestoweniger und wurde über alle Maßen pestartig und widerlich, so daß er gezwungen war, hinauf in seine Kammer zu gehen. Er und seine Frau lagen noch keine Viertelstunde im Bett, als sie denselben üblen Geruch in der Bettkammer bemerkten. Während sie einander ihr Leid klagten, trat das Gespenst aus der Wand, schlich an sein Bett und wehte ihn mit einem überaus kalten Hauch an, der so unerträglich und bösartig stank, daß er jenseits aller Vorstellung und Beschreibung ist.«

Dieser Gestank wirkt wie das Symbol einer drohenden Seuche und wurde häufig so interpretiert. Schon im Jahre 1196 erzählte der Historiker William von Newburgh von einem »geilen Gatten«, der aus dem

Grab zurückkam, um die Menschen in seiner Heimatstadt in Schrecken zu versetzen. Er schrieb: »Die Luft wurde so unrein und vergiftet, als dieser stinkende und verderbliche Körper herumwanderte, daß eine schreckliche Seuche ausbrach. Es gab kaum ein Haus, das keine Toten zu beklagen hatte, und bald schien die Stadt, die kurz zuvor dichtbevölkert gewesen war, fast völlig verlassen, denn jene, welche die Pest und die gemeinen Angriffe überlebt hatten, entfernten sich hastig in andere Gebiete, um nicht ebenfalls umzukommen.«

Zwei junge Männer, die eindeutig mutiger waren als die übrigen, folgten der Spur des lebenden Leichnams bis zu seinem Grab und hieben seinen Kopf mit einem Spaten ab, so daß das rote Blut hervorspritzte. Danach wurde der Körper verbrannt. Diese Zerstörung des Leichnams in der Art der Vampirvernichtungen hatte Erfolg. »Kaum war das höllische Ungeheuer so beseitigt worden«, lautet die Geschichte weiter, »als die Seuche, die das Volk so übel zugerichtet hatte, völlig einhielt, als sei die verunreinigte Luft durch das Feuer gesäubert worden, in dem die Höllenausgeburt, welche die ganze Atmosphäre angesteckt hatte, verbrannt wurde.«

Es ist interessant zu beobachten, wie das höllische Ungeheuer als Sündenbock für die Seuche benutzt wird; die Tatsache, daß der Mann ein »geiler Gatte« war, wirkt als zusätzliche Verdammung, als wenn sein Verhalten bei Lebzeiten für das ganze Unheil verantwortlich wäre. Es stimmt, daß Vampirismus-Epidemien und Seuchen oft gleichzeitig auftraten: Im Jahre 1729 sagte man, daß jede Seuche, bei der »innerhalb weniger Stunden fünf oder sechs Menschen in einem Dorf erkrankten«, automatisch mit Vampirismus in Verbindung gebracht wurde. Dabei ist es nicht so, daß die Vampire die Seuche verursacht hätten, sondern Zeichen der Seuche schufen im Gegenteil die idealen Voraussetzungen für den Glauben an Vampire.

Es bestehen also mehrere vollkommen vernünftige Erklärungen für die Verbreitung der Vampirlegende, doch Zweifel bleiben trotzdem. Als der Vorhang nach der ersten Bühnenaufführung von *Dracula* gefallen war, trat der Produzent Hamilton Dean an die Rampe, um die Zuschauer bei ihrem Heimweg zur Vorsicht zu mahnen. »Vergessen Sie nicht«, rief er mit Grabesstimme, »so etwas gibt's wirklich!« Stimmt das?

WOHER STAMMT DER GLAUBE AN VAMPIRE?

»Bringt die Toten heraus!« Dieser Ruf war den Menschen, die in Zeiten der Pest lebten, erschreckend vertraut. Karren, die hoch mit Leichen beladen waren, polterten Nacht um Nacht auf dem Weg zur Bestattungsgrube vorbei. Ein rotes Kreuz kennzeichnete die Türen der Betroffenen, und die Kranken wurden oft sogar von ihren eigenen Familien, die Angst vor Ansteckung hatten, im Stich gelassen. Die Straßen wurden von verwesenden Leichen verstopft, während die Lebenden den Toten und Sterbenden die Städte überließen. Es ist leicht zu verstehen, wie entsetzt die Menschen auf diese vernichtende Krankheit reagierten, die vom Altertum bis hinein ins 18. Jahrhundert periodisch in Europa aufflackerte. Da man nie wußte, wo sie zuschlagen und wann sie enden würde, mußte die Pest noch schrecklicher als der Krieg gewesen sein. Eine solche Epidemie konnte ein Gebiet nicht nur physisch, sondern auch geistig auslaugen und das ideale Klima für eine Panik schaffen.

Die schlimmste Pestwelle von allen war der Schwarze Tod, der im 14. Jahrhundert über Europa hinwegfegte. Ihm fielen Millionen von Menschen zum Opfer — ein Viertel der europäischen Bevölkerung. Als der Schwarze Tod schließlich nachzulassen begann, erfaßte ein seltsamer Wahn ganze Gemeinden im heutigen Deutschland. Er wurde Veitstanz genannt; die Nervenkrankheit, die durch ruckartige, unwillkürliche Bewegungen gekennzeichnet ist, heißt noch heute so. Die Tanzenden schienen wie von Sinnen, ihnen stand Schaum vor dem Mund, sie machten wilde Sprünge und stießen Schreie aus. Ohne auf die bestürzten Zuschauer zu achten, tanzten sie stundenlang in diesem eigenartigen Delirium, bis sie aus reiner Erschöpfung zu Boden fielen. Außer einigen, die von religiösen Visionen verfolgt wurden, sahen und hörten sie nichts. Trotzdem meinten die Priester, daß die Tanzenden vom Teufel besessen seien, und versuchten, sie durch Exorzismus zu beruhigen.

Die Tänze griffen auf Belgien und Nordfrankreich über. Einmal waren die Straßen einer französischen Stadt von mehr als 1000 Tanzenden verstopft. Die einzige Lösung bestand darin, die Kranken anzutreiben, was zuweilen mit Hilfe angeworbener Musiker geschah. Auf diese Weise erreichten sie den Endzustand der Erschöpfung rascher und brachen scheinbar leblos zusammen. Sie begannen jedoch, sich langsam zu erholen.

Diese rasenden Tänze waren wohl auf eine Art kollektive Hysterie zurückzuführen, eine Folge der merklichen Anspannung, die der Schwarze Tod hinterlassen hatte. Die gleiche Hysterie sorgte dafür, daß sich Gerüchte vom Vampirismus in Zeiten der Pest besonders leicht verbreiteten und bei der Weitergabe ständig wuchsen. Eine andere Erklärung für die Entstehung von Vampirgeschichten ist noch überzeugender: die hohe Zahl von vorzeitigen Begräbnissen oder versehentlichen Lebendbestattungen in jenen Tagen. Sie ereigneten sich besonders häufig in Zeiten der Pest, in denen die Menschen sich vor Ansteckung fürchteten und sich der Leichen so schnell wie möglich entledigten.

Seltsamerweise ist es immer schwierig gewesen, genau festzustellen, wann der Tod eingetreten ist. Vorzeitige Bestattungen kamen in der Vergangenheit oft vor, und ähnliche Unfälle sind auch heute noch möglich. Noch im Jahre 1974 sezierten Ärzte in einem britischen Krankenhaus eine Leiche, um eine Nierentransplantation vorzunehmen, als sie zu ihrem Entsetzen merkten, daß der Mensch noch atmete. Das ist kein Einzelfall. Kürzlich regte sich in einem Südstaat der USA eine schwangere unverheiratete Frau beim Anblick eines Polizisten, der an ihre Tür klopfte, so auf, daß sie zusammenbrach und für tot erklärt wurde. Ihre Mutter traf eine Woche nach der Beerdigung ein und bestand darauf, die Leiche zu sehen. Nach der Graböffnung entdeckte man, daß das Baby geboren worden war und die Mutter sich bei dem Versuch, ein Loch durch den Sarg zu kratzen, die Finger abgeschürft hatte.

Wenn wir heute trotz unseres medizinischen Wissens zu solchen Fehlern imstande sind, kann man sich vorstellen, wie leicht Irrtümer zu einer Zeit geschehen konnten, als man über Katalepsie (ein Trancezustand, der Wochen dauern kann), Epilepsie oder scheinbaren Tod durch Ersticken oder Vergiftung noch nicht richtig Bescheid wußte. Ein totenähnlicher Zustand kann sogar absichtlich hervorgerufen werden, wie zum Beispiel durch die indischen Fakire.

Selbst Menschen, die einfach vor Trunkenheit ohnmächtig geworden waren, erwachten vielleicht, um sich für immer in der Dunkelheit begraben zu finden. Es ist schwierig, sich ein entsetzlicheres Schicksal vorzustellen: zuerst die allmähliche Erkenntnis dessen, was geschehen ist, dann die panischen und hoffnungslosen Versuche, sich zu befreien, und schließlich der langsame Erstickungstod. Wenn das Grab eines Menschen, der vorzeitig beerdigt worden war, von Leichenräubern, die einen Körper für Sektionen suchten, oder von Räubern, die hofften, einen wertvollen Ring an einem der Finger zu finden, geöffnet wurde, entdeckte man, daß sich der Körper in der Enge zu einer anderen Lage verkrümmt hatte. Die Sucher bemerkten wahrscheinlich auch, daß das Leichentuch zerrissen und blutig war, daß der unglückselige Mensch nach seinen Bemühungen, sich freizukratzen, Blut an den Fingern und Nägeln hatte und daß der Mund im Todeskampf blutig gebissen worden war. Wie leicht konnte man diese Merkmale dem Vampirismus zur Last legen.

Dr. Herbert Mayo, Anatomieprofessor am King's College in London,

Ein Kupferstich des 19. Jahrhunderts mit dem Titel »Die Leiche bewegt sich«.

erkannte diese Tatsache im Jahre 1851 und schrieb: »Die Körper, die im sogenannten Vampirzustand gefunden wurden, waren nicht von neuer oder mystischer Beschaffenheit, sondern einfach auf gewöhnliche Weise lebendig oder waren es jedenfalls für einige Zeit nach ihrer Beerdigung gewesen; kurz gesagt, es waren die Körper von Menschen, die lebendig bestattet worden waren und deren Leben, wenn es noch andauerte, schließlich durch die Dummheit und Barbarei jener, die sie freigelegt hatten, ausgelöscht wurde.« Mit anderen Worten, manche angeblichen Vampire waren vermutlich noch am Leben, als ihnen der Pfahl ins Herz gerammt wurde. Dr. Mayo führte den Fall eines Mannes an, der für einen Vampir gehalten und exhumiert wurde. »Als man sein Grab geöffnet hatte«, sagt Mayo, ». . . war sein Gesicht gerötet, und seine Züge bewegten sich auf natürliche Weise, als wenn der Tote lächelte. Er öffnete sogar den Mund, als wolle er frische Luft einatmen. Man hielt ihm ein Kruzifix vor und rief mit lauter Stimme: ›Siehe, dies ist Jesus Christus, der deine Seele aus der Hölle gerettet hat und für dich gestorben ist.‹ Nachdem das Geräusch auf seine Hörorgane eingewirkt und er sich vielleicht irgendeine Vorstellung gemacht hatte, begannen Tränen aus den Augen des Toten zu fließen. Als man schließlich nach einem kurzen Gebet für seine arme Seele daran ging, ihm den Kopf abzuhacken, kreischte der Leichnam auf, drehte und wand sich, als sei er lebendig gewesen . . .«

In Mähren nahm man im 18. Jahrhundert an, daß ein Postmeister an Epilepsie gestorben sei. Als es einige Jahre später nötig wurde, verschiedene Gräber umzubetten, wurde seine Leiche ausgegraben, und man entdeckte, daß er lebendig beerdigt worden war. Der Arzt, der den Totenschein ausgestellt hatte, verlor darüber den Verstand.

Im Jahre 1665 dezimierte eine fürchterliche Pestwelle die Bevölkerung von England und forderte fast 150 000 Opfer. Ein Symptom der Krankheit war starke Benommenheit, die zu einer überwältigenden Lust zu schlafen führte. Da die Leichen bei Nacht eilig aus den Häusern getragen wurden, überrascht es nicht sehr, wenn tief Schlafende für tot gehalten wurden — besonders da man sie rasch in Massengräbern ohne die angemessenen Formalitäten einer Beerdigung beisetzte. Noch nach mehr als einhundert Jahren waren vorzeitige Bestattungen so häufig, daß dieser Limerick entstand:

> »Ein junger Mann aus Nunhead um drei
> erwachte in seinem Sarg aus Blei.
> ›Schön und gut‹, bemerkte er ungemut,
> ›aber wer kam darauf, daß ich tot sei?‹«

Sogar zu Beginn dieses Jahrhunderts kamen vorzeitige Beerdigungen in den Vereinigten Staaten so oft vor, daß man von einem Fall pro Woche

Ein Künstler des 17. Jahrhunderts stellt auf einem Kupferstich den rasenden Tanz dar, der mehrere hundert Jahre zuvor am Heiligabend auf einem Kirchhof stattfand und eine der wilden Tanzepidemien des Mittelalters auslöste. Einmal versuchte der Sohn des Priesters, seine Schwester mit sich zu ziehen — doch er riß ihr den Arm aus! Die Tanzenden wurden von ihrem Priester exkommuniziert und erhielten den Befehl, ein Jahr lang ohne Pause zu tanzen.

Der heilige Veit, ein christlicher Märtyrer des 4. Jahrhunderts, der mit der Heilung von Krankheiten assoziiert wird.

29

sprach. Einmal sollte eine junge Frau aus Indianapolis zwei Wochen nach ihrem scheinbaren Tod, den mehrere Ärzte auf der Sterbeurkunde attestiert hatten, beerdigt werden. Ihr Bruder klammerte sich an ihren Körper, als sie zur Bestattung gebracht werden sollte. In der Verwirrung löste sich ein Verband um den Kiefer der Frau. Da stellte man fest, daß ihre Lippen zitterten. »Was möchtest du?« rief der Junge. »Wasser«, flüsterte die Frau, die sich danach erholte und ein hohes Alter erreichte.

Die Direktorin einer amerikanischen Waisenschule wurde bei zwei Gelegenheiten für tot erklärt. Beim zweitenmal wurde sie erst gerettet, als der Leichenbestatter sie zufällig mit einer Nadel stach und einen Tropfen frischen Blutes aus der Wunde sickern sah. Washington Irving Bishop, ein Gedankenleser, der in Amerika auf der Bühne auftrat und sich häufig in Trance versetzte, wurde einmal für tot gehalten, bis ein Schnitt bei der Autopsie enthüllte, daß er noch am Leben war. Ein ähnlicher Fall betraf einen kräftigen Geistlichen in Spanien, dessen Herz freigelegt wurde und noch schlug, während man ihn einbalsamierte. In diesem Moment kam er zu sich und »hatte selbst dann noch die nötige Kraft, um das Skalpell des Anatomen mit der Hand zu ergreifen«, bevor er schließlich starb.

Bei der Schöpfung seines Erzvampirs Dracula mag Bram Stoker von Geschichten über eine große Choleraepidemie, die er als Kind hörte, beeinflußt worden sein. Wie die Pest schuf die Cholera eine Atmosphäre der Panik und vergrößerte die Wahrscheinlichkeit vorzeitiger Beerdigungen. Diese Epidemie zog über ganz Europa hinweg. Im Jahre 1832 erreichte sie County Sligo in Westirland, wo Stokers Mutter Charlotte — damals noch als junges Mädchen — mit ihrer Familie lebte. Ihr Haus wurde von verzweifelten Plünderern belagert, die zu den letzten Überlebenden des Dorfes gehörten. Man erzählte sich, sie habe bemerkt, daß sich eine Hand durch das Oberlicht hindurchschob, woraufhin sie eine Axt ergriffen und diese abgehackt. Sie berichtete Stoker von Sergeant Callan, einem riesigen Mann, dessen Körper so groß war, daß er nicht in seinen Sarg paßte. Um ihn hineinzuzwängen, nahm der Leichenbestatter einen Hammer und wollte ihm die Beine brechen. Beim ersten Hammerschlag kam das angebliche Choleraopfer wieder zu sich und blieb noch für viele Jahre am Leben.

Voreilige Beerdigungen liefern also eine logische Erklärung dafür, daß sich Körper in ihren Gräbern bewegt und verdreht haben. Eine weitere besteht darin, daß eine Leiche auf natürliche Weise zusammenschrumpft und die Haare und Nägel dabei den Anschein erwecken, daß sie noch wachsen. Es gibt ebenfalls medizinische Erklärungen für so offensichtliche Phänomene wie den Schrei, den die Leiche angeblich ausstößt, wenn ihr der Pfahl durch das Herz getrieben wird. Der Boden schließlich, in dem eine Leiche begraben ist, kann dafür verantwortlich sein, daß sie so guterhalten bleibt. Zum Beispiel trug auf der griechi-

Ein Kupferstich des Jahres 1604 zeigt auferstehende Geister. Es sind die Seelen von Opfern des Schwarzen Todes, die 1347 lebendig begraben worden waren. Der Schwarze Tod war eine der schlimmsten Seuchen, die von Ratten in ganz Europa verbreitet wurde. Er verwüstete und entvölkerte Hunderte von Kleinstädten und Dörfern.

Dieser Stich zeigt Margret Dixon, die 1728 wegen Kindesmordes gehängt worden war und später, zum Entsetzen der Anwesenden, wieder zu sich kam. Das Gesetz verbot, sie noch einmal wegen desselben Verbrechens zu verurteilen, und sie lebte noch 30 Jahre.

schen Insel Santorini, auf der Vampire so zahlreich sein sollten, der vulkanische Boden dazu bei, daß die Leichen länger unversehrt blieben.

Diese Erklärungen reichen nicht aus, wenn von Vampiren die Rede ist, die ihre Gräber verlassen haben und bei Nacht außerhalb beobachtet werden. Doch auch hier bietet sich eine nüchterne Lösung an, auf die Dennis Wheatley, ein Verfasser von Bestsellern über das Okkulte, hingewiesen hat. In Zeiten extremer Armut suchten Bettler auf Friedhöfen Schutz und machten Familiengruften oder Mausoleen zu ihrer makabren Heimstatt. Vom Hunger getrieben, mußten sie diese Gräber bei Nacht verlassen, um in der Nachbarschaft nach Nahrung zu suchen. Es ist verständlich, daß solche Gestalten für Vampire gehalten werden konnten, wenn man sie im Mondlicht vorbeihuschen sah. Daß Gräber leer waren, läßt sich einfach durch die Taten von Leichenräubern erklären, welche die Körper gestohlen hatten, um sie zu medizinischen Sektionszwecken zu verkaufen.

All diese logischen Argumente genügen jedoch nicht, um zu begründen, wieso die Vampirlegende so hartnäckig aufrechterhalten wird. Die Legende geht tiefer. Ohne Zweifel ist ein großer Teil der Faszination, die Vampire auf sich ziehen, im Unterbewußtsein verankert.

Auf der einen Ebene besteht das Grundbedürfnis nach einer neuen Vereinigung mit dem geliebten Toten. »Man glaubt«, schrieb der britische Psychoanalytiker Ernest Jones in *On the Nightmare (Über den Alptraum)* ,»daß sie (die Toten) den überwältigenden Drang verspüren, zu ihren geliebten Angehörigen zurückzukehren, die sie verlassen haben. Die tiefste Ursache für diese Projektion liegt zweifellos in dem Wunsch, daß die Gestorbenen uns nicht vergessen mögen, einem Wunsch, der sich letztlich aus Kindheitserinnerungen daran ergibt, daß man von den geliebten Eltern allein gelassen wurde.« Er sagt abschließend: »Der Glaube, daß die Toten ihre geliebten Angehörigen besonders bei Nacht besuchen können, ist auf der ganzen Welt anzutreffen.« Jedenfalls steht fest, daß die Mehrheit der Berichte angebliche Vampire angeht, die zu ihren Geliebten und zu ihren Familien zurückkehren.

Was hat es mit der traditionellen Symbolik des Blutes als der Essenz des Lebens auf sich? Für den Vampir ist das Blutsaugen eine Form der Transfusion; diese Art der Lebensrettung ist ein Heilmittel, das sich durch die Geschichte zurückverfolgen läßt. Frühe australische Stämme behandelten ihre Kranken, indem sie die Adern männlicher Freunde öffneten, das Blut in einer Schüssel sammelten und es dem Geschwächten in unverfälschter Form zu trinken gaben.

Das Saugen von Blut könnte auch als Veranschaulichung für die Art und Weise dienen, in der manche Menschen sich von der Energie anderer speisen zu lassen scheinen und ihnen alle Vitalität rauben. Die meisten von uns sind einmal jemandem begegnet, den wir als Parasiten, Schmarotzer oder Blutsauger bezeichnen würden. Es wäre ebenso an-

Dieser Schweizer Kupferstich aus dem 18. Jahrhundert erzählt die grausige Geschichte der voreiligen Beerdigung einer schwangeren Frau. Ihr Baby wurde nach der Bestattung geboren — und beide müssen unter schrecklichen Qualen gestorben sein.

gemessen, ihn als Vampir zu beschreiben. Eine Begegnung mit einem solchen Menschen kann uns völlig erschöpft zurücklassen. Man hat in Krankenhäusern beobachtet, daß manche Menschen diesen Effekt sogar auf Maschinen ausüben können und dafür verantwortlich sind, daß die elektrische Spannung fällt.

Besonders in einer Ehe, einer Familie oder einer anderen engen emotionellen Bindung — die traditionell der bevorzugte Jagdgrund des Vampirs sind — kann es leicht vorkommen, daß der eine dem anderen die Energie entzieht. Es gibt auch dokumentierte Fälle, in denen eine starke Persönlichkeit einen unnatürlichen Einfluß auf eine schwächere ausübt. Ein Beispiel dafür liefert die Kontrolle, die Ian Bradley bei ihren massenhaften Quälereien und Ermordungen von Kindern in den British Moors über Myra Hindley hatte. Ein weiteres besteht in der Macht, mit der Charles Manson seine Gruppe, die sogenannte »Familie«, beherrschte. In diesem Zusammenhang sollten wir uns an die vermeintliche Fähigkeit des Vampirs erinnern, sein Opfer zu hypnotisieren, während er es seiner Lebenskraft beraubt.

Vor allem verfügt der Vampirismus über ein starkes sexuelles Element, worin sicher einer der Hauptgründe für seine andauernde Faszination besteht. Dieser Aspekt des Vampirthemas wurde im 19. Jahrhundert zurückgedrängt, als Sex streng zensiert wurde, obwohl Grausamkeit und Gewalttätigkeit in Veröffentlichungen akzeptiert wurden. Manche osteuropäischen Vampirgeschichten bringen jedoch ganz offen zum Ausdruck, daß der Vampir nicht nur an das Blutsaugen dachte, wenn er oder sie ein Opfer wählte. Unzweifelhaft gehört zur Legende, daß männliche Vampire schöne junge Mädchen bevorzugen, während weibliche Vampire ihren hypnotischen Charme auf gutaussehende junge Männer ausüben.

Der beißende Kuß des Vampirs in die Kehle des Opfers, aus der er das Blut saugt, besitzt eine erotische und sadistische Note, die der Aufmerksamkeit der Psychologen nicht entgangen ist. Ernest Jones meint, daß »der Akt des Saugens von frühester Kindheit an eine sexuelle Bedeutung hat, die das ganze Leben hindurch in Form des Kusses aufrechterhalten wird«. Ein Biß ist nach Freud ein teilweise sadistischer, teilweise erotischer Kuß. Blut ist ebenfalls eng mit Sexualität verbunden. »Medizinische Psychologen haben seit langem erkannt«, schrieb Montague Summers in seiner Geschichte des Vampirismus, »daß es eine bestimmte Beziehung zwischen der Faszination durch Blut und sexueller Erregung gibt.« Moderne Psychologen notieren ebenfalls, daß Blut und das Öffnen von Adern häufig mit den erotischen Fantasien ihrer Patienten assoziiert werden.

Freud glaubte, daß »krankhafte Furcht immer unterdrückte sexuelle Wünsche kennzeichnet«. Der britische Schriftsteller Maurice Richardson, ein heutiger Experte des Vampirismus, stimmt ihm zu. Er behaup-

Die gewöhnliche Vampirfledermaus ist klein und abscheulich; sie ernährt sich wie der Vampir der Legende von Blut, das sie vor allem lebenden Rindern abzapft.

Vampir, ein Gemälde des norwegischen Künstlers Edvard Munch. Seine Darstellung der Frau, die den Mann verschlingt, hat eine tiefliegende sexuelle Färbung, die auch in vielen Elementen der Vampirlegende zum Ausdruck kommt.

Eine Souvenirpuppe von Vlad Tepes, das heißt Vlad dem Pfähler. Dieser mittelalterliche rumänische Herrscher war grausam und barbarisch. Sein Beiname rührt daher, daß er die blutdürstige Neigung hatte, seine Feinde auf Pfähle zu spießen. Er nannte sich auch Dracula.

Ein Aspekt der Hindu-Göttin Kali, welcher die dunkle Seite der Frau — Tod, Krieg, Krankheit und Blutopfer — symbolisiert. Die kleineren Gestalten an den Seiten sind weitere Aspekte Kalis, die durch ihr eigenes Blut regeneriert werden. Kali wird immer noch in weiten Teilen von Bengalen angebetet. Der Name der Riesenstadt Kalkutta ist eine anglisierte Form von Kalighata, einem Tempel, der zu Ehren der gefürchteten Göttin gebaut wurde.

Seit dem Altertum hat Blut in religiösen Riten im Osten ebenso wie im Westen eine Rolle gespielt. Manchmal mußte es den Göttern durch ein Tier- oder Menschenopfer angeboten werden, und manchmal hatten die Teilnehmer an einer heiligen Zeremonie es zu trinken.

Sogar die sanften Buddhisten benutzten wilde Masken, um sich gegen Feinde zu verteidigen. Diese tibetische Maske ist ein Gefäß — wahrscheinlich für Blut oder Weihwasser — in Form einer Schutzfigur.

tet, daß der Vampir unterdrückte sexuelle Lüste und sexuelle Schuld verkörpert, die von der Kindheit herrühren. Obwohl wir es vielleicht nicht gerne zugeben, macht Sex einen Großteil der Anziehungskraft des Vampirs aus. Über Bram Stokers *Dracula* schreibt Richardson: »Allein vom Freudschen Standpunkt aus gibt die Geschichte einen wirklichen Sinn; man kann sie als eine Art inzestuösen, nekrophilen, oral-anal-sadistischen Ringkampf ohne Regeln betrachten. Daraus bezieht die Geschichte ihre Kraft. Der jahrhundertealte Vampirgraf ist eine Vaterfigur von gewaltiger Potenz.«

Christopher Lee, der Filmschauspieler, der für seine Darstellung des Dracula berühmt wurde, beschreibt den Vampirgrafen als einen »Supermann«. »Er bietet die Illusion der Unsterblichkeit, den unterbewußten Wunsch nach unbegrenzter Macht, den wir alle haben. Er erscheint als Mann von ungeheurer intellektueller und physischer Kraft und steht für ein seltsames düsteres Heldentum. Er ist entweder eine Reinkarnation oder er ist nie gestorben«, sagt Lee. Es ist interessant, daß von den beiden größten Schauerromanen, die je geschrieben wurden, der eine — *Frankenstein* — die Schöpfung des Lebens behandelt, während der andere — *Dracula* — der Verewigung des Lebens gewidmet ist.

Lee fährt fort: »Er (Dracula) ist eine übermenschliche Gestalt mit einer erotischen Anziehungskraft auf Frauen, die ihn für völlig unwiderstehlich halten. In gewisser Weise ist er alles, was die Menschen sein möchten: der Antiheld, der heroische Schurke und, wie der oft gelästerte Rasputin, teils Heiliger, teils Sünder. Männer finden ihn unwiderstehlich, weil sie ihm nicht Einhalt gebieten können, und für Frauen repräsentiert er die totale Hingabe an die Macht des Mannes.«

Christopher Lees bekanntester Vorgänger in der Rolle des Grafen Dracula war der ungarische Schauspieler Bela Lugosi. Seine Version des Dracula, bei der Tod Browning im Jahr 1931 Regie führte, war ein früher Horrorfilm und ist der älteste noch im kommerziellen Verleih befindliche Tonfilm. Nach dem Film erhielt Lugosi Stapel von Briefen weiblicher Fans. Die Attraktion des Vampirs hatte Hollywood jedoch schon lange vorher — mit der Schöpfung des *Vamp* im Jahre 1913 — angesteckt. Dieses Wort, das heute noch besonders in Reklametexten verwendet wird, wurde absichtlich geprägt, um den ersten durch die Werbung geschaffenen Filmstar zu lancieren. Es handelte sich um Theda Bara, deren Name ein Anagramm von »Arab Death« (Arabischer Tod) ist. Sie wurde der Öffentlichkeit in dem Film *A Fool There Was* präsentiert, in dem ihr die berühmte Zeile »Küß mich, Dummkopf« gehörte. Man fotografierte sie in verführerischen Posen; einmal war sie dabei über ein männliches Skelett gebeugt. In *The Kiss of the Vampire,* der im Jahre 1916 herauskam, schwelgte der Vamp in der Vernichtung von Männern. Man sagte über sie: »Sie wollte nichts anderes als ihre Opfer ruinieren und sie dann auslachen. Sie war wirklich böse!«

Eines der vielen erotischen Vampirbilder, die Boleslas Biegas etwa zur Zeit des ersten Weltkrieges malte. Es heißt *Vampir in Form einer Explosion* und ist eindeutig sexuell in seiner Darstellung des weiblichen Vampirs und seiner männlichen Beute.

Eine erstaunliche Vorrichtung, die der russische Graf Karnickij 1901 erfand, um die Möglichkeit einer voreiligen Beerdigung zu vermeiden. Die Grundbestandteile sind ein Rohr und ein geschlossener Kasten. Das Rohr wird in den Sarg eingeführt, wenn er in das Grab gesenkt wird. Der Kasten bleibt sichtbar. Im Inneren des Sarges ist ein gläserner Ball, der auf der Brust des Körpers ruht. Wenn der Körper auch nur die geringste Bewegung macht, gibt der gläserne Ball eine Sprungfeder frei, so daß sich der Deckel des Kastens öffnet und den Sarg mit Licht und Luft versorgt. Gleichzeitig erhebt sich eine Flagge etwas mehr als einen Meter über den Boden, und eine Glocke ertönt. Der Mechanismus am Vorderteil des Kastens ist eine elektrische Lampe, die dem Unglücklichen, der lebendig begraben wurde, nach Sonnenuntergang etwas Licht liefert, während er auf seine Rettung wartet.

Katalepsie — ein komaähnlicher Zustand, bei dem sogar die Atmung aussetzen kann — ist durch Hypnose, wie hier gezeigt, oder durch Hysterie hervorzurufen. Edgar Allan Poe wurde von der Gefahr, im kataleptischen Zustand lebendig begraben zu werden, fasziniert und verwandte Variationen dieses Themas für seine markerschütternden Geschichten.

Der erotische weibliche Vampir ist ebenso ein Teil der klassischen Vampirlegende wie sein männliches Gegenstück. Er wird als wollüstig und ausschweifend, unwiderstehlich und herzlos grausam beschrieben. Wie der männliche Vampir hat er volle rote Lippen — vermutlich sind sie ein Ergebnis des Blutsaugens, doch traditionsgemäß werden sie im Volksglauben auch als Zeichen übermäßiger Sinnlichkeit angesehen. Selbst makellos reine Männer unterliegen seinem schrecklichen Zauber. Bei Tag sind jedoch alle Vampire machtlos. Manche Legenden spannen das erotische Thema bei ihren Instruktionen, wie das Grab des Vampirs zu entdecken sei, während das Geschöpf schlief, weiter aus. Ein unberührter Junge oder ein unschuldiges Mädchen sollten nackt auf dem Rücken eines rabenschwarzen unberührten Hengstes, der nie gestolpert war, über den Friedhof reiten. Man sagte, daß das Pferd scheuen würde, wenn es an das Grab eines Vampirs gelangte.

Wir erkennen nun, daß es sowohl psychologische Gründe für die Attraktivität des Vampirs als auch logische Erklärungen für den Vampirglauben gibt. Doch die wichtigste Frage bleibt unbeantwortet: Existieren Vampire wirklich — nicht als lebende Menschen, die uns unsere Vitalität rauben, nicht als Individuen, die gelegentlich eine Sucht nach Blut entwickeln, sondern als die blutsaugenden Verwandten der Gespenster, als sogenannte lebende Tote? Als Experte für Vampire kommt Montague Summers zu diesem Schluß: »Bewußt oder unbewußt wird einem klar, daß die Vampirtradition viel mehr Wahrheit enthält, als normale Personen zugeben und anerkennen möchten.«

Vor einem Jahrhundert hätten die Menschen nicht geglaubt, daß wir dazu imstande sein würden, zu Hause zu sitzen, einen quadratischen Kasten zu betrachten und darin einen Mann auf dem Mond landen zu sehen. Es könnte durchaus um uns herum eine weitere, spirituelle Welt geben, die wir noch nicht wahrgenommen haben.

Wenn jemand stirbt, hat ein enger Freund oder Verwandter häufig das instinktive Gefühl, daß der Tod eingetreten ist, selbst wenn er Hunderte von Meilen entfernt ist. Manchmal träumt man von dem Tod eines anderen, gelegentlich wird der sterbende Mensch genau im Augenblick seines Hinscheidens gesehen. Auf ähnliche Art könnte die Wahrnehmung von Vampiren auf einem Zeitsprung beruhen, einer Variante der Erfahrung, die wir als *déja vu* kennen, und bei der man meint, einen fremden Ort schon früher gesehen zu haben. Manche Menschen glauben, daß die Sichtung fliegender Untertassen einen Blick in die Zukunft darstellt, in der diese Beförderungsmethode normal sein wird. Umgekehrt könnten angebliche Sichtungen des Ungeheuers von Loch Ness einen Blick in die prähistorische Vergangenheit darstellen, in der zahlreiche solcher Wesen vorkamen.

Diese aus den Fugen geratene Zeit würde dabei helfen, die irische Legende eines Leichenzuges zu erklären, der eine geistliche Gestalt auf sich

Ein Plakat für den 1931 gedrehten Film *Dracula*. Der Star war Bela Lugosi, ein ungarischer Kavallerieoffizier, den es nach Hollywood verschlagen hatte. Sein dämonisches, doch attraktives Aussehen und sein gebrochenes Englisch trugen dazu bei, daß seine Darstellung des Grafen berühmt wurde.

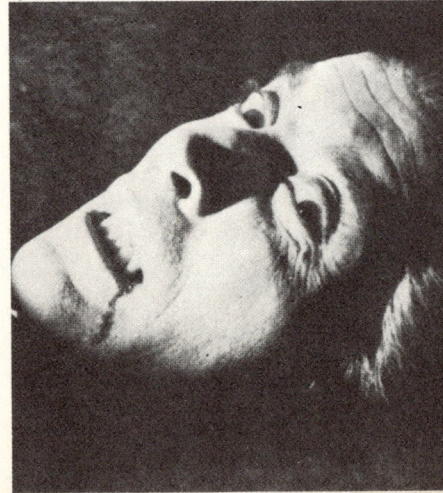

Christopher Lee als Film-Dracula betritt ein Schlafzimmer, um sich seiner Beute zu bemächtigen.

Graf Dracula, gespielt von Christopher Lee, liegt gesättigt da; Blut tröpfelt über seine Finger und sein Kinn. Der schreckliche Graf kann nur in dem Sarg schlafen, der Erde des Grabes enthält, in dem er ursprünglich beigesetzt wurde. Der Tradition nach löste sich ein Vampir zu Staub auf, wenn sein Sarg verbrannt wurde.

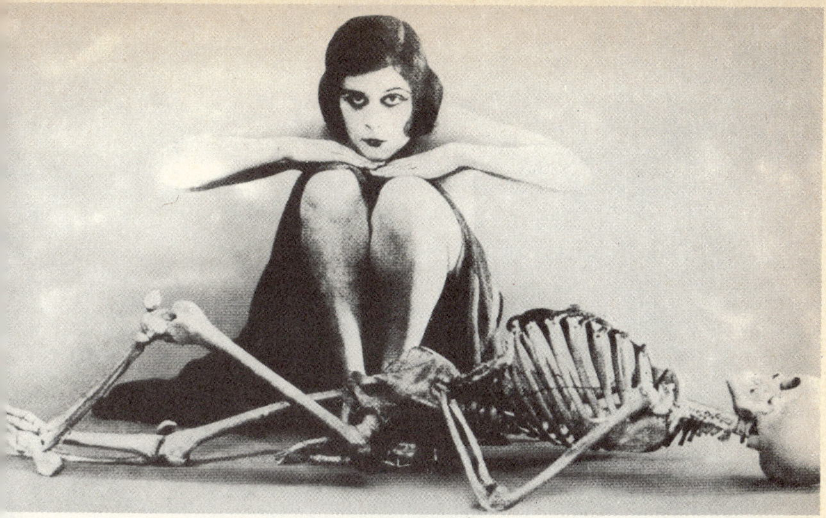

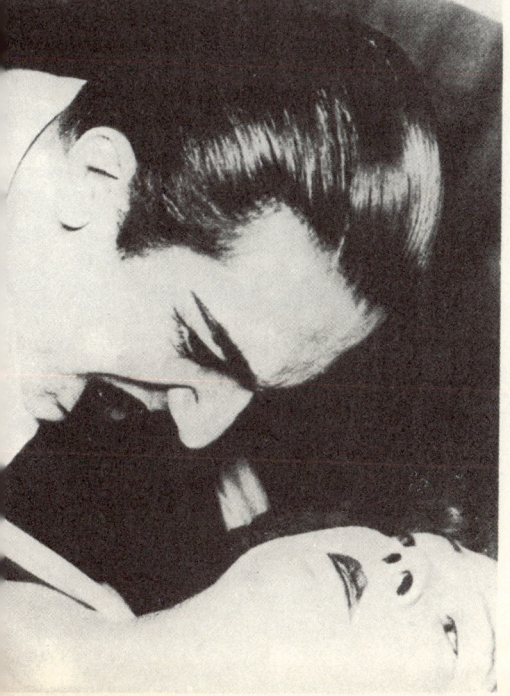

Theda Bara, der erste Vamp der Leinwand, war auch eine der ersten Hollywood-Schauspielerinnen, die durch eine Reklamekampagne zum Star gemacht wurden. Sie war kein blutsaugender Vampir wie Dracula, sondern verschlang ihre männlichen Opfer im übertragenen Sinne. Auf diesem Reklamefoto kauert sie über einem männlichen Skelett und blickt mit glühenden und erschreckenden Augen voll Triumph in die Kamera.

Ein Foto aus dem Film *Dracula*. Lugosi als Dracula schickt sich an, seine Fänge in eine weibliche Kehle zu schlagen. Der Film schuf eine eindrucksvolle Atmosphäre des Schreckens — hauptsächlich, indem er Stokers Geschichte relativ unverfälscht wiedergab.

45

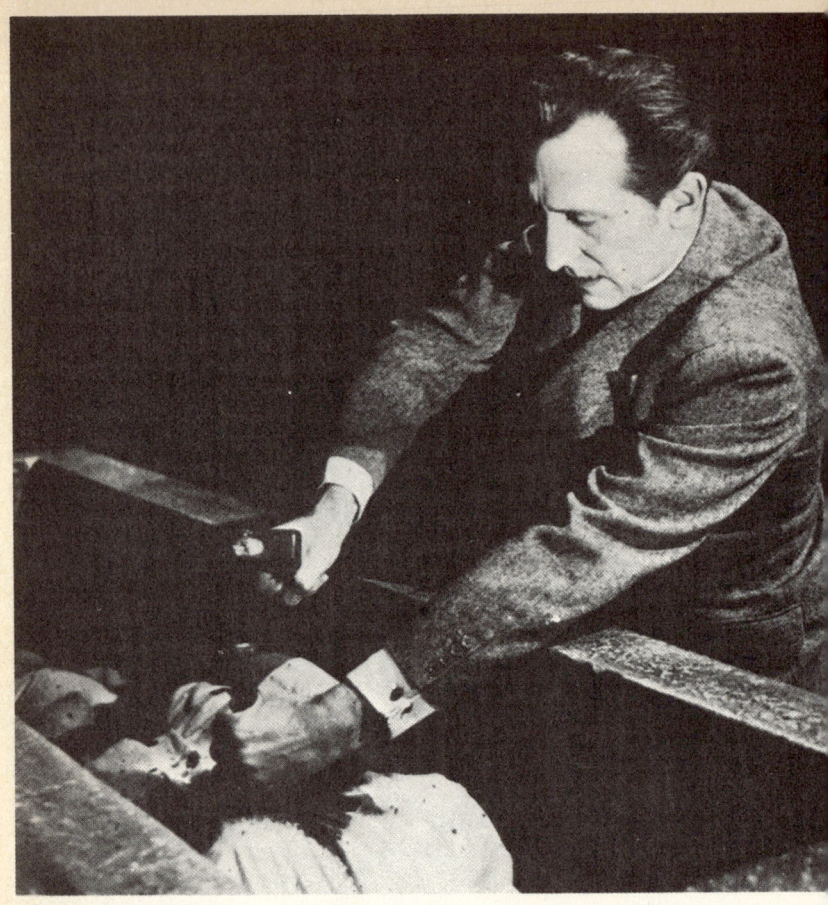

Von Beginn der britischen Serie von Dracula-Filmen im Jahre 1958 an spielte
Peter Cushing den Vampirjäger van Helsing. Hier tötet er in dem ersten die-
ser Filme, *Horror of Dracula,* einen Vampir durch eine der überlieferten
Methoden, indem er einen Pfahl durch sein Herz treibt.

zukommen sah, nachdem er den Priester des Ortes gerade in den angrenzenden Hügeln zur Ruhe getragen hatte. Als sie vorüberkam, erkannten die Teilnehmer zu ihrem Entsetzen den Mann, den sie beerdigt hatten. Sie eilten zu seinem Heim und fanden seine Mutter im Zustand äußerster Aufregung vor, da ihr toter Sohn eine Stunde vorher im Haus erschienen war. Wenn dieser Vorfall sich in Osteuropa ereignet hätte, wäre der Priester möglicherweise als Vampir bezeichnet worden, besonders wenn es andere ungewöhnliche oder mysteriöse Todesumstände gegeben hätte.

Eine komplexere Theorie zur Existenz von Vampiren wurde von der inzwischen verstorbenen Dian Fortune, einer führenden Okkultistin der Gegenwart, vertreten. Wie viele Okkultisten glaubte sie an den *Astralleib* — den spirituellen zweiten Leib, der sich vom physischen Körper trennen und ein eigenes Leben führen kann. Sie behauptete, daß es durch einen okkultistischen Trick möglich sei, die Auflösung des Astralleibes nach dem Tod des physischen Körpers zu verhindern. Dabei bezog sie sich auf einen von ihr entdeckten Fall von mehreren toten ungarischen Soldaten, die Berichten zufolge Vampire geworden waren und ihre Opfer ebenfalls zu Vampiren gemacht hatten. Sie war der Auffassung, daß diese Soldaten »sich als ätherische Doppelgänger (als Astralleiber) erhielten, indem sie Verletzte aussaugten. Vampirismus ist ansteckend; ein Mensch, der von einem Vampir angegriffen wird, hat seine Vitalität verloren, ist ein psychisches Vakuum und absorbiert seinerseits die Lebenskraft der ihm Begegnenden, um seine Reserven aufzufüllen. Er lernt bald durch Erfahrung die Schliche eines Vampirs, ohne ihre Bedeutung zu erkennen, und bevor er sich selbst darüber im klaren ist, ist er selbst zu einem echten Vampir geworden.«

Nach dem Tode trennt sich der Astralleib für immer vom physischen Körper. Aber Okkultisten glauben, daß sich der Astralleib noch während des menschlichen Lebens vom physischen Körper entfernen und andere Gestalten annehmen kann — zum Beispiel die eines Vogels oder sonstigen Tieres. Werden damit weitere Argumente für den Glauben an die Existenz von Vampiren geliefert? Dian Fortune war davon überzeugt, daß kraftvolle Gefühle dazu fähig sind, gedankliche Gestalten zu schaffen, die ein getrenntes Dasein führen. Negative Gefühle von hoher Intensität könnten also den Astralleib veranlassen, um zu einem bösartigen Ungeheuer oder einem Gespenst und vielleicht zu einem Vampir zu werden.

Bei seiner Erörterung von Dian Fortunes Theorie in seinem Buch *The Occult* stimmt Colin Wilson ihr darin zu, daß »seltsame Mächte aus dem Unterbewußtsein ausbrechen und eine scheinbar materielle Gestalt annehmen können«. Er führt die Geschichte eines jungen rumänischen Bauernmädchens namens Eleonore Zugun an. Eleonore zeigte einem spiritistischen Forscher »Teufelsbisse« an ihren Händen und Armen. Während er bei ihr saß, schrie sie plötzlich auf, und auf ihrem Handrücken erschienen Bißstellen, die sich zu Quetschungen entwikkelten. Einige Minuten später wurde sie in den Unterarm gebissen, und der Forscher erkannte tiefe Spuren von Zähnen. Handelte es sich um ein Gespenst, fragt Wilson, oder war Eleonores eigenes Unterbewußtsein außer Kontrolle geraten? Er gibt zu bedenken, daß vielleicht nicht einmal Eleonore selbst verantwortlich war. »Es könnte das Unterbewußtsein *eines anderen* gewesen sein.«

»Das Unterbewußtsein ist nicht nur eine Art tiefsitzender Speicher versunkener Erinnerungen und atavistischer Begierden«, sagt Wilson, »sondern es beherbergt Kräfte, die sich unter gewissen Umständen in der physischen Welt mit einer Gewalt manifestieren können, die alles übertrifft, dessen das Bewußtsein fähig wäre.« Er meint, daß sich so das Geheimnis der Vampire und aller anderen sogenannten okkulten Erscheinungen erklären ließe.

Kann ein geistiges Bild als physische Realität projiziert werden? Kann das Unterbewußtsein Ungeheuer oder Geister schaffen, die den Menschen angreifen und vernichten? Kann sich der Astralleib eines Toten an einen Lebenden heften und ihn wie ein Vampir aussaugen, um seine eigene Existenz zu erhalten?

Viele würden entgegnen, daß die einzigen Vampire, denen wir begegnen könnten, lebende Menschen sind, deren private Fantasie und eigentümliche Perversion auf den blutsaugenden Vampir fixiert sind. Wenn diese Seite eines Menschen die Oberhand gewinnt, könnte er sich sogar selbst für einen Vampir halten. Wenn seine Fantasie auf die Gestalt eines Wolfes fixiert ist, könnte er sich wie ein Wolf verhalten. Doch die quälende Frage bleibt: Gibt es einen Moment, in dem ein solcher Mensch sich durch irgendeinen äußeren Einfluß, den wir noch nicht verstehen, tatsächlich in einen Vampir oder einen Wolf *verwandelt*?

Diese Figur mit den vampirartigen Fängen schreckt böse Geister ab. Sie stammt von den Nikobaren vor der Küste Indiens.

VOM MENSCHEN ZUM WOLF

Im Jahre 1598 fanden ein Bogenschütze und eine Truppe von bewaffneten Landmännern in einem entlegenen Waldstück in Westfrankreich die Leiche eines Jungen. Der Körper war fürchterlich verstümmelt und zerrissen. Die Gliedmaßen, die noch warm waren und zitterten, troffen vor Blut. Als sich die Franzosen der Leiche näherten, glaubten sie, zwei Wölfe zu erblicken, die zwischen den Bäumen flüchteten. Die Männer nahmen die Jagd auf, fingen zu ihrem Erstaunen aber keinen Wolf, sondern, wie sich herausstellte, einen Menschen. Es war ein hochgewachsener, hagerer Mann, in Lumpen gekleidet und mit verfilzten, verlausten Kopf- und Barthaaren. Entsetzt sahen sie, daß seine Hände noch von frischem Blut befleckt waren und daß sich Klümpchen von menschlichem Fleisch unter seinen krallenartigen Nägeln befanden. Der Mann erwies sich als ein herumwandernder Bettler namens Jacques Roulet; er wurde im August des Jahres 1598 in der Stadt Anger vor Gericht gestellt. Wenn schon die Entdeckung Roulets ein Schock für die Menschen von Anger gewesen war, so erwies sich die Verhandlung als noch bestürzender.

Roulet gestand vor Gericht: »Ich war ein Wolf.«

»Wurden Ihre Hände und Füße zu Pfoten?«

»Ja.«

»Wurde Ihr Kopf zu dem eines Wolfes?«

»Ich weiß nicht, was damals aus meinem Kopf geworden ist. Ich benutzte meine Zähne.«

Bevor es zu einem Urteil kommen konnte, mußte das Gericht entscheiden, ob Roulet ein Werwolf war, wie er behauptete, oder ein Lykanthrop, der mit einem Werwolf verwandt ist, sich aber von ihm unterscheidet. Ein Werwolf ist ein lebender Mensch, der die Macht hat, sich in einen Wolf zu verwandeln. Die Bezeichnung leitet sich aus dem altgermanischen *wer,* das heißt Mann, und Wolf ab. Ein Lykanthrop ist jemand, der an einer Geisteskrankheit leidet, die ihn glauben läßt, er sei in einen Wolf verwandelt worden. Diese Bezeichnung kommt aus dem Griechischen und bedeutet Wolfsmensch. In beiden Fällen hätte Roulet mit seiner Hinrichtung rechnen können, doch das Gericht zeigte ein Mitgefühl, das für seine Zeit ungewöhnlich war. Es stufte Roulet als geisteskrank — und daher als Lykanthropen — ein und verurteilte ihn zu einem nur zweijährigen Aufenthalt in einem Irrenhaus.

Von einem echten Werwolf glaubte man, daß er sich völlig in einen Wolf verwandelte; dadurch unterscheidet er sich von dem Werwolf der Hollywoodfilme, dessen Erscheinung im Grunde immer noch menschlich ist. Heftige Streitigkeiten ergaben sich in der Vergangenheit zum Thema von Menschen, die angeblich die Tatsache, daß sie Wölfe waren, verbargen, indem sie ihr Fell auf der Innenseite trugen. Man behauptete, daß solche Menschen zwar normal aussahen, daß ihre Haut aber von innen nach außen gestülpt war. Wenn man sie zerrisse — was Hunderten unschuldiger Menschen zu verschiedenen Zeiten in den vergangenen Jahrhunderten geschah — sei das Haar oder der Wolfspelz auf der anderen Seite der Haut zu sehen.

Der Werwolf und der Vampir haben vieles gemeinsam. Es wurde sogar häufig angenommen, daß ein Werwolf nach seinem Tod zu einem Vampir werden würde, wenn nicht besondere Vorsichtsmaßnahmen, etwa Exorzismus, getroffen wurden. Jeder, der das Fleisch eines von einem Wolf getöteten Schafes aß, konnte möglicherweise zu einem Werwolf werden. Wer das Gehirn eines Wolfes aß oder Wasser aus seinen Spuren trank, wurde, so sagte man, mit Sicherheit dazu. An manchen Orten war man davon überzeugt, daß sich jemand, der gewisse große und süß riechende Blumen aß oder nach einem Wolfsrudel aus einem Wasserlauf trank, in einen Wolf verwandelte.

Jeder mit kleinen spitzen Ohren, hervorstehenden Zähnen, starken, gekrümmten Fingernägeln, buschigen Augenbrauen, die über dem Nasenrücken zusammenliefen, Ringfingern, die genauso lang waren wie die Mittelfinger, oder auch nur mit starker Behaarung — vor allem an Händen und Füßen — wurde sofort verdächtigt. Wenn ein Leser sich jedoch versucht fühlen sollte, seine Freunde bei der nächsten Begegnung etwas genauer zu mustern, darf er nicht vergessen, daß die Augen eines Werwolfs immer menschlich bleiben.

Wie der Glaube an Vampire gründen sich auch diese Überlieferungen auf die Unwissenheit und die Furcht der Menschen vor jedem, der sich von ihnen unterschied. Manchen Traditionen zufolge war es leicht, durch Zufall zu einem Werwolf zu werden. Andere betonen, daß man besonders böse sein mußte, um ein solches Schicksal zu verdienen. In verschiedenen Geschichten verlautet, daß ein bestialischer Mensch nach seinem Tod als Wolf zurückkehrt. Geisterhafte Werwölfe sind jedoch in der Folklore äußerst selten, wodurch sich der Werwolf in erster Linie vom Vampir unterscheidet. Der Vampir ist mit Geistern verwandt, während der Werwolf zweifellos ein lebendiger Mensch ist und eher an eine Hexe oder an einen Zauberer erinnert, wenn er sich aktiv darum bemüht, zu einem Wolf zu werden. Das wird durch einen Pakt mit einem Dämon, der als Wolfsgeist bekannt ist, oder mit dem Teufel selbst ermöglicht.

Es mag erstaunlich klingen, aber viele Menschen wollten zu Werwölfen werden und nahmen zu diesem Zweck — neben den schon erwähnten magischen Verfahrensweisen — komplizierte Rituale auf sich. Der richtige Moment für eine solche Verwandlung war um Mitternacht

Ein Werwolf verschlingt ein junges Opfer. Obwohl Werwölfe in enger Verbindung mit Hexen und Hexerei stehen — die Verwandlung wird gewöhnlich als ein Ritual der Schwarzen Magie angesehen —, haben die Werwolflegenden, wie die des Vampirs, ein starkes und unverhülltes sexuelles Element.

Ein Werwolf zerreißt ein Baby · · · dargestellt von Lucas Cranach, einem deutschen Maler des 16. Jahrhunderts. In diesem Fall hat sich der Mann nicht physisch in einen Wolf verwandelt, sondern nur das räuberische Verhalten des Tieres angenommen.

Das Titelbild von Sabine Baring-Goulds *The Book of Werewolves (Das Buch der Werwölfe)*, das im Jahre 1864 veröffentlicht wurde. Es war der erste seriöse Versuch, sich mit dem Werwolfmythos auseinanderzusetzen. Baring-Gould, ein Experte für viele Aspekte der mittelalterlichen Folklore, war ein Geistlicher, der Romane und Hymnen schrieb, darunter das bekannte Lied *Onward Christian Soldiers (Vorwärts, Soldaten Christi)*, eine Hymne der Heilsarmee.

bei Vollmond gekommen. Der Mensch, der danach strebte, zum Werwolf zu werden, zog einen magischen Zirkel und machte ein Feuer, auf das er einen Kessel mit einem Trank aus Kräutern und Drogen stellte. Dann schmierte er seinen Körper mit einer Salbe aus dem Fett einer gerade getöteten Katze ein; der Salbe waren Anissamen und Opium beigemischt. Um die Hüften band er sich einen Gürtel aus Wolfsfell. Nachdem er sich in den Zirkel gekniet hatte und der Zaubertrank brodelte, sang er eine Beschwörung, die etwa folgendermaßen klang:

»Heil, Heil, Heil, Großer Wolfsgeist, Heil!

Ich bitte dich, mächtiger Schatten, um eine Gabe.

In diesem Zirkel, den ich gezogen habe,

Mach mich zu einem Werwolf kühn und stark,

Zum Schrecken aller — jung und alt.

Eine hohe, sehnige Gestalt sollst du mir gewähren;

Die Flinkheit des Elchs, die Klauen des Bären;

Das Gift der Schlange, des Wolfes Gier;

Die Schlauheit des Fuchses, die Stärke vom Stier;

Den Rachen des Tigers, die Zähne vom Hai;

Die Augen der Katze, damit das Dunkel durchsichtig sei.«

Eine so machtvolle Beschwörung mag sich unwiderstehlich angehört haben. Für den Skeptiker ist jedoch von größerer Bedeutung, daß der brodelnde Trank reichlich Mohnsamen und die Salbe Opium enthielt. Der in das Geheimnis Eingeweihte befand sich vielleicht in einem Rauschzustand. Die Beschwörung endete mit dem Ruf:

»Mach mich zum Werwolf! Mach mich zum Menschenfresser!

Mach mich zum Werwolf! Mach mich zum Frauenfresser!

Mach mich zum Werwolf! Mach mich zum Kinderfresser!

Ich dürste nach Blut! Menschlichem Blut!

Gib es mir! Gib es mir heute nacht!

Großer Wolfsgeist! Gib es mir, und ich bin mit Herz, Körper und Seele dein.«

Wenn das Ritual korrekt durchgeführt worden war, müßte der Bewerber beginnen, sich in einen Wolf zu verwandeln. Riesig und phantomartig würde seine Gestalt in der Dunkelheit glühen, bis sie zu »einem großen, dünnen Ungeheuer wurde, das halb Mensch und halb Tier war, grau und nackt, mit ganz langen Beinen und Armen und den Pfoten und Klauen eines Wolfes«. Wenn er sich völlig verwandelt hatte, würde er dem traditionellen nächtlichen Treiben des Werwolfs nachgehen, also jagen, töten und fressen. Rachegelüste galten als häufigste Ursache, wenn jemand zu einem Wolf werden wollte.

Männer und Frauen, welche die Fähigkeit der Metamorphose erlangt haben, verwandeln sich an jedem Abend bis zu ihrem Tode bei Sonnenuntergang in einen Wolf und nehmen im Morgengrauen wieder menschliche Gestalt an. Manchen Volkssagen zufolge muß sich der

Werwolf im Schmutz oder im Morgentau wälzen, um wieder zu einem Menschen zu werden; andere behaupten, daß die Verwandlung automatisch bei Tagesanbruch vor sich geht. Ein Werwolf, der verletzt oder getötet wird, nimmt sofort wieder menschliche Gestalt an. Meistens kann das Geschöpf wie ein gewöhnlicher Wolf gefangen oder vernichtet werden, aber am wirkungsvollsten läßt sich ein Werwolf mit einer Silberkugel erlegen. Die Leiche sollte dann nicht beerdigt, sondern verbrannt werden.

Den meisten Menschen wird all das wie eine Anhäufung des primitivsten Aberglaubens vorkommen, und es ist auffallend, daß Berichte von Werwölfen in dem Maße seltener wurden, wie die Städte auf das Landgebiet übergriffen. Solche Geschichten sind immer in einsamen Gegenden, in denen der Wolf das bedrohlichste Raubtier war, am stärksten verbreitet gewesen. Heutzutage, da der Wolf nahezu aus den Vereinigten Staaten und vielen europäischen Ländern verschwunden ist, können wir uns nur mit Mühe den Schrecken ausmalen, in den dieses Tier unsere Vorfahren versetzte. Vor allem in nördlichen Ländern war der Wolf ein tödlicher Feind, der wegen seiner grausamen Angriffe nicht nur auf Herden, sondern auch auf Menschen, gehaßt und gefürchtet wurde. Doch er wirkte auch unheimlich, da er, gespenstisch grau und lautlos, vor allem bei Nacht umherstreifte und fast unsichtbar war, wenn man die schrägen Augen außer acht läßt, die im Feuerschein rot und im Mondlicht hellgrün glitzerten. Fügt man noch das markerschütternde Heulen hinzu — das als Todesomen galt —, so überrascht es nicht, daß der Wolf als böses, fast übernatürliches Ungeheuer betrachtet wurde. Wo es Wölfe gab, liefen auch Gerüchte von Werwölfen um, vor denen sich die Menschen mit einer an Panik grenzenden Hysterie ängstigten.

Allerdings finden sich hervorragende Autoritäten zum Thema Werwölfe, die den Gedanken, daß sich ein Mensch in einen Wolf verwandeln könne, nicht als abergläubische Einbildung verwerfen und Berichte von Werwölfen ernst nehmen. Sabine Baring Gould, Verfasser des im Jahre 1865 erschienenen *Book of Were-wolves, Being on Account of a Terrible Superstition (Buch der Werwölfe, ein Bericht von einem schrecklichen Aberglauben),* behauptete, daß die Legende »auf Tatsachen beruhen müsse«, da sie »überall und zu allen Zeiten« so hartnäckig gewesen sei. Er meinte, daß »die halbe Welt an Werwölfe glaubt oder glaube«.

Elliott O'Donnel, ein Autor dieses Jahrhunderts, stimmt ihm zu und erklärt, es gebe keinen schlüssigen Beweis dafür, daß die Menschen, die sich als Werwölfe bezeichneten, Betrüger gewesen seien. Es war typisch für Lykanthropie-Prozesse, daß die Angeklagten bereitwillig zu gestehen schienen. Er gibt zu bedenken, daß viele der Angeklagten drangsaliert worden seien und auf der Folter gestanden hätten, was zweifellos der Wahrheit entspricht. Doch selbst wenn sie Betrüger waren, glaubt

Der Mann, der zum Werwolf werden möchte, legt einen Gürtel aus Wolfsfell an (manche Versionen des Rituals verlangten einen ganzen Wolfspelz) und wartet auf einen Dämon, der ihm die Macht gibt, sich in einen Wolf zu verwandeln.

Rechts: Die magische Verwandlung in den schrecklichen Werwolf beginnt.

Wenn jemand die Fähigkeit zur Metamorphose erlangt hat, soll er sich bis zu seinem Tode automatisch an jedem Abend bei Sonnenuntergang in einen Wolf verwandeln.

O'Donnel, daß »die Existenz des Werwolfes dadurch in keiner Weise ausgeschlossen würde«. Er ist jedoch weniger überzeugend, wenn er vorbringt, daß Werwölfe von »böswilligen Kräften, den Urhebern allen Übels«, geschaffen wurden.

Wie im Falle des Vampirismus sind Berichte von Werwölfen seit dem Altertum in der ganzen Welt dokumentiert. Schon im fünften Jahrhundert vor Christus schrieb Herodot, der als »Vater der Geschichte« bekannt ist: »Jeder Neurier verwandelt sich einmal im Jahr in einen Wolf und behält diese Gestalt mehrere Tage lang bei, wonach er wieder sein früheres Aussehen annimmt.« Im zweiten Jahrhundert nach Christus merkte ein römischer Arzt an, daß »Lykanthropie eine Art der Melancholie ist, die zur Zeit des Anfalls kuriert werden kann, indem man eine Vene öffnet und Blut abzapft«.

Petronius, der römische Satiriker des ersten Jahrhunderts, erzählt eine Werwolfgeschichte mit einem universellen Thema. Sie handelt von einem Diener, der einen Soldaten bei einer Nachtreise aus der Stadt hinaus begleitete und entsetzt zusah, wie sein Gefährte am Wegesrand seine Kleidung ablegte und sich in einen Wolf verwandelte. Das Wesen sprang heulend in die Wälder und verschwand. Als der Diener sein Ziel erreichte, erfuhr er, daß ein Wolf gerade in den Bauernhof eingedrungen war und unter dem Vieh gewütet hatte, bevor ihn ein Mann forttrieb, der eine Pike in den Nacken des Tieres getrieben hatte. Der Diener eilte bei Tagesanbruch nach Hause und kam an der Stelle vorbei, an der die Kleidung des Soldaten gelegen hatte, doch er fand nur eine Blutlache vor. Zu Hause lag der Soldat verwundet da, und ein Arzt verband ihm den Hals.

In dieser Geschichte drückt sich ein ständiges Thema der Werwolflegende aus: Der Wolf wird in einem Kampf verletzt, und später entdeckt man einen Menschen, der unter der gleichen Verletzung leidet. Eine Geschichte des Mittelalters erzählt von einer russischen Adligen, die bezweifelte, daß sich jemand in ein Tier verwandeln könne. Einer ihrer Diener erbot sich, das Gegenteil zu beweisen. Er nahm Wolfsgestalt an und rannte über die Felder, gehetzt von den Hunden seiner Herrin, die ihn in die Enge trieben und eines seiner Augen verwundeten. Als der Diener in menschlicher Gestalt zu seiner Herrin zurückkehrte, war er auf einem Auge blind.

Ein anderer berühmter Fall spielte sich in der Auvergne in Frankreich im Jahre 1558 ab. Ein Jäger traf im Wald einen Adligen aus der Nachbarschaft, der ihn um etwas Wildbret bat, falls die Jagd erfolgreich sein würde. Der Jäger wurde später von einem blutdürstigen Wolf angefallen, konnte ihn jedoch vertreiben, indem er ihm eine seiner Pfoten abschlug. Er steckte die Pfote zur Erinnerung in seinen Beutel und machte sich nach Hause auf. Unterwegs kehrte er im Schloß des Adligen ein und erzählte ihm von seinem Abenteuer. Er griff in den Beutel, um die

Pfote hervorzuholen, fand statt dessen zu seiner Verwunderung aber eine zarte weibliche Hand vor. Der Adlige war noch erstaunter, da er den goldenen Ring an einem der Finger erkannte. Nachdem er eine Treppe hinaufgeeilt war, überraschte er seine Frau dabei, wie sie sich den blutenden Stumpf ihres Armes verband. Sie gab zu, ein Werwolf zu sein, und wurde am Pfahl verbrannt.

Während die traditionelle Heimat des Vampirs in Osteuropa liegt, scheinen die Wälder von Frankreich die natürliche Heimstatt des Werwolfs gewesen zu sein. Berichte von Werwölfen, auf französisch *loupsgaroux* genannt, erreichten im 16. Jahrhundert epidemische Ausmaße. Nicht weniger als 30 000 Fälle wurden zwischen 1520 und 1630 verzeichnet.

Einer der berühmtesten historischen Werwölfe ist Gilles Garnier, ein gebeugter Einsiedler mit buschigen Augenbrauen. Am 13. September 1573 erteilten die Behörden der französischen Stadt Dôle die Erlaubnis zu einer Werwolfsjagd, nachdem man mehrere Kinder der Gegend getötet und zum Teil aufgefressen gefunden hatte. Die Genehmigung lautete: »Und da er auf dem Lande einige Reiter, die ihn nur mit großer Mühe und unter Gefahr für ihr Leben abwehrten, angefallen und verletzt hat, genehmigte und genehmigt dieser Gerichtshof im Bestreben, größere Gefahr zu verhindern, daß sich diejenigen, die an den genannten Orten wohnen, ungeachtet aller Edikte, welche die Jagd betreffen, mit Piken, Hallebarden und Stöcken versammeln, um den genannten Werwolf überall, wo sie ihn finden oder ergreifen können, zu jagen und zu verfolgen, ihn zu binden und zu töten, ohne dafür Rechenschaft ablegen zu müssen oder bestraft zu werden.« Offenbar waren die Bauern davon überzeugt, daß ein Werwolf verantwortlich war, noch bevor sie die Jagd begonnen hatten. Erstaunlicherweise findet sich in allen Berichten dieser Art nicht einmal eine Andeutung darauf, daß die Betroffenen einem echten Wolf zum Opfer gefallen sein könnten.

Zwei Monate später hörte eine Gruppe von Dorfbewohnern die Schreie eines Kindes und das Gebell eines Wolfes. In der Erwartung, einen Werwolf anzutreffen, eilten sie sofort dorthin und entdeckten ein kleines Mädchen, das übel zugerichtet worden war. In dem Wolf, der davonlief, glaubten sie, Garnier zu erkennen. Als ein zehnjähriger Junge sechs Tage später verschwand, überfielen sie die Hütte des »Einsiedlers von St. Bonnet«, wie Garnier genannt wurde, und verhafteten ihn und seine Frau.

Garnier legte unverzüglich zwei Geständnisse ab. Das eine betraf einen zwölfjährigen Jungen, der im August zuvor in einem Birnengarten getötet worden war. Garnier hatte gerade das Fleisch des Jungen essen wollen, als er von einigen Männern gestört wurde. Sie bezeugten, daß er die Gestalt eines Menschen, nicht eines Wolfes gehabt habe. Am 6. Oktober hatte Garnier ein zehnjähriges Mädchen auf einem

Ein Kupferstich von der Gefangennahme und Hinrichtung eines Werwolfes durch die Einwohner der deutschen Stadt Eschenbach im Jahre 1685. Der Werwolf, der die Kinder der Stadt gerissen hatte, versuchte, über einen Brunnen zu springen, um den Hahn zu erreichen, der auf der anderen Seite als Köder angebunden war. Er verfehlte sein Ziel, fiel in den Brunnen und wurde ohne Mühe gefangen.

Dieser Kupferstich von 1765 zeigt das gefürchtete Wilde Tier von Gévaudan bei einigen seiner Taten. Es terrorisierte mehrere Distrikte Frankreichs durch Überfälle, die mehr als 100 Menschen das Leben kosteten. Man sagte, daß das Wilde Tier mit seinem langen Schwanz lähmende Schläge verteilen und mit übernatürlicher Geschwindigkeit laufen konnte.

Dieser Kupferstich des 16. Jahrhunderts zeigt den Griechen Lykaon, der wahrscheinlich ein klassischer Vorgänger des Werwolfs ist. Einem Mythos zufolge suchte Lykaon, dem Gott Zeus zu gefallen, dem er ein Kind opferte und ihm sein Fleisch darbot. Zur Strafe verwandelte Zeus Lykaon in einen Wolf.

Der Werjaguar ist das südamerikanische Gegenstück des Werwolfes.

Weinberg in der Nähe von Dôle angefallen — diesmal in Wolfsgestalt. Er tötete sie mit Zähnen und Klauen, zog sie aus und fraß sie; da er das Mahl so sehr genoß, brachte er etwas Fleisch für das Abendessen seiner Frau zurück. Auf der Grundlage dieses Geständnisses wurde Garnier am 18. Januar 1574 bei lebendigem Leibe verbrannt.

Dreißig Jahre später gestand ein hübscher vierzehnjähriger Schäfer ähnlichen Namens — Jean Grenier — eine Reihe von Verbrechen in der Nähe von Bordeaux. In seinem zweifelhaften Geständnis gab er zu, mehr als 50 Kinder gegessen zu haben. Manchmal, sagte er, habe er im Wald gelegen, bis die Dämmerung anbrach und er sich verwandelte. Dann habe er aus einem Dickicht neben einem gern besuchten Teich nach Opfern Ausschau gehalten. Einmal habe er zwei Mädchen überrascht, die nackt badeten; das eine sei entkommen, doch das andere habe er verschlungen. Wenn er von äußerstem Hunger getrieben worden sei, habe er sich furchtlos auf eine Menge gestürzt, bis man ihn verscheuchte.

Grenier gestand mit verdächtiger Bereitwilligkeit und gab seine Verbrechen mit solchem Vergnügen wieder, daß er im überfüllten Gerichtssaal sogar Gelächter hervorrief, wenn er davon sprach, daß er eine alte Frau verfolgt, ihr Fleisch aber »so zäh wie Leder« gefunden habe. Über ein Kind beklagte er sich folgendermaßen: »Als ich es aus seinem Bett hob und gerade zum erstenmal zubeißen wollte, schrie es so laut, daß es mich fast betäubte.« Da sich mehrere Morde in der Gegend ereignet hatten und drei Mädchen Grenier mit ihrer Aussage belasteten, glaubte man seinem detaillierten Geständnis. Allerdings bezichtigte Grenier auch andere Menschen, Werwölfe zu sein. Der Richter fand die Indizien hierfür so dürftig, daß er Grenier an ein höheres Gericht verwies, das weitere Ermittlungen in diesem seltsamen Fall anstellen sollte.

Die Häuser der Leute, die Grenier denunziert hatte, wurden durchsucht, und obwohl man nichts fand, wurden Greniers Vater und ein Nachbar verhaftet. Monsieur Grenier beeindruckte den Vorsitzenden des höheren Gerichts mit der Aussage, daß sein Sohn ein bekannter Schwachkopf sei, der damit prahlte, mit jeder Frau des Dorfes geschlafen zu haben. Aber Grenier wiederholte seine Geständnisse mit solcher Überzeugungskraft, daß neue Ermittlungen gegen seinen Vater und den Nachbarn angestellt wurden. Unter Folter gaben sie zu, daß sie nach jungen Mädchen gesucht hätten, »um mit ihnen zu spielen, aber nicht um sie zu essen«.

Grenier wurde zum Tode auf dem Scheiterhaufen verurteilt, doch der Fall hatte solches Aufsehen erregt, daß er schließlich vom höchsten Gerichtshof in Bordeaux noch einmal untersucht wurde. Richter de Lancre verzeichnete diese Aussage des Jungen: »Als ich zehn oder elf Jahre alt war, stellt mich mein Nachbar del Thillaire in der Tiefe des Waldes dem Maître de la Forêt vor, einem schwarzen Mann, der mich

Eine Illustration eines Buches über Marco Polos Abenteuer im Fernen Osten. Sie zeigt die Menschen der Andamanen im Indischen Ozean mit Hundeköpfen. Der venezianische Reisende des 13. Jahrhunderts wiederholte nur Geschichten, die er in Indien gehört hatte, doch seine europäischen Leser waren bereit, diese Erzählungen als Tatsachen hinzunehmen.

mit seinem Nagel kratzte und dann mir und del Thillaire eine Salbe und einen Wolfspelz gab. Seitdem bin ich im Lande als Wolf umhergelaufen.« Grenier behauptete, daß er auf den Befehl dieses Herrschers des Waldes nach Kindern jagte und seine Gestalt mit Hilfe der Salbe und des Wolfspelzes änderte, nachdem er seine Kleidung im Dickicht verborgen hatte.

Wie vor ihm der Bettler Roulet wurde dieser selbsternannte Werwolf mit einem seltenen Maß an Verständnis behandelt. Das höchste Gericht konsultierte zwei Ärzte, die zu dem Schluß kamen, daß der Junge an »der Lykanthropie genannten Krankheit, welche die menschlichen Augen zu solchen Vorstellungen verleitet«, leide, obwohl sie hinzufügten, die Krankheit sei darauf zurückzuführen, daß ihn ein böser Geist besessen habe. Richter de Lancre gab eine verständnisvolle Zusammenfassung, die auf viele ähnliche Fälle von vermeintlichen Werwölfen der damaligen Zeit anzuwenden ist: »Das Gericht berücksichtigt die Jugend und die Geistesschwäche dieses Jungen, der so dumm und schwachsinnig ist, daß sich Kinder von sieben oder acht Jahren gewöhnlich intelligenter zeigen, der in jeder Beziehung schlecht ernährt wurde und so verkümmert ist, daß ihn ein Zehnjähriger überragt ... Wir haben einen Jungen vor uns, der von seinem Vater verlassen und vertrieben wurde, der statt einer richtigen Mutter eine grausame Stiefmutter besitzt, der durch die Wälder wandert und um Brot bettelt, ohne bei einem Menschen Rat und Anteilnahme suchen zu können, der nie eine religiöse Unterweisung erfahren hat, dessen wahre Natur durch böse Einflüsterungen, Not und Verzweiflung verfälscht wurde und den der Teufel zu seiner Beute gemacht hat.« Das Leben des Jungen wurde geschont, und man schickte ihn in ein Kloster, das der Richter einige Jahre später besuchte. Er fand Grenier ohne jedes Begriffsvermögen vor, unfähig, auch nur die einfachsten Dinge zu verstehen, doch der junge Mann behauptete immer noch, daß er ein Werwolf sei und noch mehr Kinder fressen würde, wenn er könnte. Außerdem wünschte er sich, »Wölfe anzusehen«. Grenier starb im Jahre 1610 als »guter Christ«, aber es ist nicht allzu überraschend, daß jeder in der Gegend, der den Namen Garnier oder Grenier trug, noch für lange Zeit mit Mißtrauen betrachtet wurde.

Der Fall einer ganzen Familie von Werwölfen wurde in Westfrankreich im Jahre 1598 verzeichnet. Zwei Schwestern, ihr Bruder und dessen Sohn waren als Werwölfe von St. Claude bekannt. Eines der Mädchen, Peronette, litt eindeutig an lykanthropischer Hysterie und bewegte sich auf allen vieren. Sie griff zwei Kinder an, die im Garten Obst pflückten. Als der vierjährige Junge versuchte, seine Schwester zu verteidigen, packte sie ein Messer und schnitt ihm die Kehle auf. Vor seinem Tode sagte er aus, daß dieser Wolf keine Tatzen, sondern menschliche Hände gehabt habe. Die wütenden Bauern rissen Peronette in Stücke, bevor sie vor Gericht gestellt werden konnte. Danach wurde ihre Schwester der

Lykanthropie und der zusätzlichen bösen Fähigkeit angeklagt, Hagel hervorzurufen. Angeblich schlief sie mit dem Teufel, der in der Gestalt einer Ziege zu ihr kam. Ihr Bruder Pierre gestand, daß er sich in einen Wolf verwandele und daß die drei im ganzen Lande Menschen oder Tiere »je nachdem, was ihr Appetit verlangte«, gejagt hätten, bis sie erschöpft gewesen seien. Sein Sohn sagte aus, daß er sich mit einer magischen Salbe eingerieben habe, um sich in einen Wolf zu verwandeln, und daß er mit seinen beiden Tanten auf die Jagd gegangen sei und mehrere Ziegen getötet habe.

Der Richter besuchte die unglückselige Familie im Gefängnis. »Ich habe die Genannten auf allen vieren in einem Zimmer kriechen sehen, so, wie sie es früher auf den Feldern taten«, schrieb er, »aber sie sagten, daß es unmöglich für sie sei, zu Wölfen zu werden, da sie keine Salbe mehr hätten und ihnen die Fähigkeit dazu durch die Einkerkerung abhanden gekommen sei. Weiterhin stellte ich fest, daß sie alle im Gesicht, an den Händen und Beinen Kratzwunden hatten. Pierre Gandillon war so entstellt, daß er kaum Ähnlichkeit mit einem Menschen hatte und alle, die ihn anblickten, in Schrecken versetzte.« Der letzte Satz ist enthüllend. Wenn Pierre seit seiner Geburt entstellt gewesen war, hatte er wahrscheinlich die Gesellschaft und das Äußere von Tieren vorgezogen. Diesmal war das Urteil nicht milde, und die ganze Familie wurde verbrannt.

Der berüchtigste deutsche Werwolf war Peter Stubb oder Stump, gegen den im Jahre 1589 in Köln verhandelt wurde. Ein Historiker schrieb über diese Verhandlung: »Es ist interessant, darauf zu achten, mit welcher Leichtigkeit sonst intelligente Menschen Gründe für das Unmögliche fanden und negative Belege zu positiven Beweisen umdeuteten.« Dies ist ein weiteres eindringliches Beispiel eines Menschen, der durch seine eigenen Geständinsse — erzwungen durch Folter — vernichtet wurde und schon verurteilt war, bevor die Verhandlung begonnen hatte. Stubb behauptete, einen magischen Gürtel zu haben, der ihn in »einen gierigen und gefräßigen, starken und mächtigen Wolf mit großen Augen, die bei Nacht wie Fackeln leuchteten, mit einem großen und breiten Maul, mit ganz scharfen und grausamen Zähnen, einem gewaltigen Körper und kräftigen Tatzen« verwandele.

Die Ankläger durchsuchten das Tal, in dem Stubb diesen Gürtel versteckt haben wollte, fanden ihn aber nicht. Das hinderte die Beamten allerdings nicht daran, Stubbs Geständnis Glauben zu schenken. Im Gegenteil, sie erklärten, »man kann annehmen, daß der Gürtel zum Teufel zurückgekehrt ist, von dem er kam«. Ihre Rache war fürchterlich: Stubb wurde dazu verurteilt, daß man »seinen Körper auf ein Rad flocht und ihm mit glühend heißen Zangen an zehn verschiedenen Stellen das Fleisch von den Knochen riß; daß danach seine Beine und Arme mit einer Holzaxt oder einem Beil gebrochen wurden, daß ihm darauf der

Kopf vom Rumpf geschlagen wurde; daß seine Leiche schließlich zu Asche verbrannt wurde«.

Berichte von hilfsbereiten Werwölfen, die etwa so unwahrscheinlich anmuten wie »gutmütige Vampire«, bilden einen überraschenden Kontrast zu diesen entsetzlichen Geschichten, die sich wirklich abgespielt haben. In Portugal sollte es eine Spielart des Werwolfes gegeben haben, die nie einen Menschen anfiel und kläglich winselnd flüchtete, wenn man sich ihr näherte — einen feigeren Werwolf kann man sich kaum vorstellen. Zuweilen zeigte sich ein Mensch, der zufällig zum Werwolf geworden war, erfreut über eine Verletzung, die ihm für immer seine menschliche Gestalt zurückgab. Ein im Jahre 1214 in Großbritannien aufgezeichneter Fall erwähnt einen Zimmermann, der sich gegen einen Wolf verteidigte und ihm eine Pfote abtrennte. Das Tier verwandelte sich sofort in einen Mann, der seine Dankbarkeit zum Ausdruck brachte, obwohl er verkrüppelt war.

Frankreich ist der beliebteste Aufenthaltsort nicht nur von wilden Werwölfen, sondern auch von hilfsbereiten. Eine französische Erzählung handelt von einem Abt, der auf einem ländlichen Jahrmarkt zuviel getrunken hatte und auf dem Rückritt vom Wein und der Sonne so überwältigt wurde, daß er vom Pferd fiel. Er schlug mit dem Kopf auf einen Stein auf und blutete so stark, daß der Geruch ein Rudel Wildkatzen anlockte, die im Wald lebten. Während sich die Wildkatzen heranschlichen, sprang ein Werwolf herbei und rettete den Abt. Er begleitete den beschwipsten, blutenden Mönch sogar zurück zu seinem Kloster. Dort nahm man den Wolf auf und versorgte seine Wunden. Bei Sonnenaufgang gewann er jedoch wieder menschliche Gestalt — und zwar die eines finsteren kirchlichen Würdenträgers, der dem Abt seines Verhaltens wegen strenge Vorwürfe machte und ihm seinen Rang aberkannte. Die Hilfsbereitschaft dieses Werwolfs wurde durch seine Sittenstrenge aufgewogen.

Eine andere Geschichte erzählt von dem Kapitän eines Schoners, mit dem die Hugenotten — französische Protestanten, die im 16. und 17. Jahrhundert gegen die Verfolgung durch die Katholiken kämpften — angegriffen wurden. Nach einem dieser Überfälle ging das Schiff des Kapitäns in der breiten Rhônemündung unter. Er wäre ertrunken, wenn ihm nicht jemand zu Hilfe gekommen wäre und ihn an Land gezogen hätte. Der Kapitän streckte zum Dank eine Hand aus und merkte bestürzt, daß er eine gewaltige behaarte Pranke ergriffen hatte. Überzeugt, den Teufel vor sich zu haben, der ihn zur Belohnung für seine Schandtaten an den Hugenotten gerettet hatte, fiel der Kapitän auf die Knie und bat Gott um Vergebung. Der Wolf wartete grimmig, zog den Seemann hoch und brachte ihn zu einem Haus am Rande eines Dorfes. Im Inneren des Hauses sah der Kapitän das Gesicht des Werwolfes deutlich im Licht einer Laterne. Er machte einen Fluchtversuch, bei dem er

Ein Mann mit einer Krankheit, die Haare am ganzen Körper wachsen läßt. Die Existenz eines solchen Unglücklichen konnte, bevor man den Zustand als Krankheit durchschaute, viel zum Entstehen von Werwolfgeschichten beitragen.

Filmisches Makeup, um die gleiche Wirkung zu erzielen. Michael Landon in *I was a Teenage Werewolf.*

der Länge nach zu Boden stürzte. Wieder half ihm der Wolf behutsam auf und gab ihm dann etwas zu essen, bevor er ihn in einem verschlossenen Zimmer sich selbst überließ. Der Kapitän lief zum Fenster, doch es war vergittert. Plötzlich bemerkte er die schrecklich zugerichtete Leiche einer Frau, die in einer Ecke des Zimmers lag, und fürchtete, daß ihm das gleiche Schicksal bevorstand. Doch am nächsten Morgen kehrte der Werwolf in menschlicher Gestalt zurück. Er war ein hugenottischer Geistlicher und erklärte, daß die Frau seine Gattin sei; die Besatzung des Kapitäns hatte sie bei ihrer Plünderung des Dorfes am Tage zuvor grausam ermordet. Ihn selbst hatte man auf das Schiff des Kapitäns verschleppt, um ihn zu foltern und zu ertränken.

»Nun«, sagte der Geistliche, »ich bin ein Werwolf. Vor einigen Jahren wurde ich von einer Frau Grenier (wieder dieser Name) verhext, die in dem Wald hinter unserem Dorf wohnt. Sobald es dunkel war, verwandelte ich mich; dann lief das Schiff auf, und alle sprangen über Bord. Ich sah, daß du am Ertrinken warst und rettete dich ... dich, der du für den Mord an meiner Frau und die Zerstörung meines Heimes verantwortlich warst! Warum? Ich weiß es nicht! Wenn ich dir einen weniger angenehmen Tod als das Ertrinken gewünscht hätte, hätte ich dich an Land bringen und töten können. Doch ich tat es nicht, weil mir jede Zerstörung fremd ist.« Der Kapitän war über diesen Gnadenakt, wie man nicht zu betonen braucht, so gerührt, daß er ein ergebener Freund der Hugenotten wurde und es bis zu seinem Tode blieb.

Es ist eine romantische Geschichte — und in dieser Romantik könnte einer der Gründe für den Reiz der Werwolflegende liegen. Vielleicht verbirgt sich sogar ein Stück Wahrheit hinter den Erzählungen von hilfsbereiten Werwölfen. Moderne Untersuchungen deuten darauf hin, daß der Wolf nicht unbedingt das gefräßige Ungeheuer sein muß, zu dem ihn die Traditionen machen. Man kennt Beispiele dafür, daß ein Mensch von einem Tier gerettet wurde, und in der Vergangenheit mag ein Wolf in vereinzelten Fällen für die Erhaltung eines menschlichen Lebens verantwortlich gewesen sein. Trotzdem herrscht das Bild des Wolfes als eines grausamen und blutgierigen Tieres vor. Gütige Werwölfe sind selten; die Werwölfe der Legenden sind fast immer darauf aus, ihre Opfer brutal zu töten und zu verschlingen.

Der Gedanke, daß sich ein Mann oder eine Frau in einen Wolf verwandelt, ist nicht absurder als die Vorstellung, daß eine Leiche bei Nacht ihr Grab verläßt, um menschliches Blut zu trinken. Aber irgendwie fällt es einem noch schwerer, an Werwölfe als an Vampire zu glauben. Das mag teilweise daran liegen, daß der Werwolf so mühelos in die Folklore paßt. Der gräßliche Wolfsmensch war die ideale Gestalt für eine gute Schauergeschichte, die man sich in entlegenen Gebieten, wo es außer den wilden Tieren des Waldes und vielleicht einigen noch wilderen Dorfbewohnern wenig Gesprächsstoff gab, am Feuer erzählen konnte. Werwölfe hatten es angeblich besonders auf kleine Jungen und Mädchen abgesehen, deshalb dienten sie den Bauern gegenüber ihren Kindern als willkommene Einschüchterung. »Geh heute abend nicht in den Wald, oder der Werwolf frißt dich auf«, sagten sie vielleicht, genauso wie die Cockneys von London ihre Kinder nach dem Morden von 1888 warnten, nicht durch die Straßen des East End zu streifen, »oder Jack the Ripper schnappt dich«.

Doch der Glaube an Werwölfe hat tiefere Wurzeln. Die Metamorphose von Menschen zu Tieren ist Teil einer Urlegende, einer Macht, die den Göttern und Helden der Mythologie zugeschrieben wird. Der skandinavische Gott Odin verwandelte sich in einen Adler; Jupiter, der römische Gott, wurde zu einem Stier; Actaeon wurde von der griechischen Göttin Artemis zu einem Hirsch gemacht. Fast in allen Teilen der Welt gibt es Wesen, die dem Werwolf entsprechen und je nach dem Klima variieren: Wertiger in Indien; Werleoparden, Werhyänen und sogar Werkrokodile in Afrika; außerdem Werbären in Rußland, das auch über eine ansehnliche Zahl von Werwölfen verfügte. In seinem Buch über Werwölfe zitiert Elliott O'Donnell Augenzeugenberichte über einen indischen Jungen, der sich in einen Tiger verwandelte, und über zwei javanische Kinder, die zu Jaguaren wurden. Kennzeichnend ist, daß Wertiere immer Geschöpfe sind, die Furcht einflößen. Man hat noch nie etwas von einer Werschildkröte gehört.

Die *Berserker* — frühere nordische Krieger, die mit mörderischer Raserei fochten — nutzten die Furcht vor wilden Tieren aus, indem sie im Kampf Bärenfelle trugen. Diese Banden nordischer Kämpfer gerieten in einen Zustand teuflischen Wahnsinns, wenn sie sich in die Schlacht warfen: Sie heulten wie Tiere, und ihnen stand Schaum vor dem Mund. Der Ausdruck *Berserker* leitet sich von dem *bear sark* (Bärenfell) ab, das die Krieger trugen. So wie das Wort weiterlebt, mag auch die Erinnerung an diese barbarischen Angreifer zur Werwolflegende beigetragen haben. Für friedliche Dorfbewohner, deren Gemeinschaft an einem Tag von Berserkern, die mit Pelzen bekleidet waren, und am anderen von einem Rudel heulender Wölfe überfallen wurde, war der Unterschied zwischen beiden wohl nur gering. Beide könnten wie Menschen, die als Tiere verkleidet waren, gewirkt haben — oder wie Menschen, die völlig in tobende Tiere verwandelt waren.

Andere verfolgen die Werwolflegende noch weiter zurück bis zu einer Zeit, in welcher der prähistorische Mensch begann, zur Jagd Tierverkleidungen anzulegen und den Geist eines mächtigen Tieres zu beschwören, weil er hoffte, dessen Stärke verliehen zu bekommen. In seinem Buch *Man Into Wolf* entwickelt Dr. Robert Eisler, ein britischer Schriftsteller mit einem profunden Wissen der Frühgeschichte und alter Legenden, eine faszinierende Theorie zum Ursprung der Werwolfidee. Eisler geht davon aus, daß der Mensch einmal ein friedlicher Vegetarier war, durch sich verändernde Bedingungen — etwa den Beginn einer Eiszeit — aber dazu getrieben wurde, neue Nahrung zu suchen. Er wurde dazu gezwungen, Fleisch zu essen, sich mit Tierfellen zu bekleiden, zu jagen und bei seinem Überlebenskampf das Verhalten blutdürstiger wilder Tiere nachzuahmen. Allmählich nahm der Mensch die gleiche Blutgier an und wandte sich in Zeiten äußersten Nahrungsmangels wahrscheinlich sogar dem Kannibalismus zu. Eisler meint, daß dieser traumatische Umbruch Spuren im menschlichen Unterbewußtsein hinterließ, die unter anderem schließlich die Werwolflegende hervorbrachten.

Es gibt auch direktere Erklärungen. Im Winter wurden Felle zum Schutz gegen die Kälte getragen, und eine mit Fellen bekleidete Gestalt konnte leicht für ein Tier gehalten werden. Vermeintliche Werwölfe waren vielleicht Kinder, die, nachdem sie sich im Wald verlaufen oder dort ausgesetzt worden waren, in einem Wolfsrudel aufwuchsen und daher alle Fertigkeiten eines wilden Tieres beherrschten. Doch Eislers Theorie bleibt die ansprechendste. Baring Gould erläutert den Begriff der *Metempsychose,* des Übergangs einer Seele von einem Körper in den anderen nach dem Tode, und bezieht sich auf »das Sehnen und Suchen der Seele nach der Quelle, aus der ihr eigenes Bewußtsein stammt, wobei sie Träume und Halluzinationen als Erinnerungsschimmer verzeichnet und Taten speichert, die auf einer früheren Ebene der Existenz stattgefunden haben«.

Bis zu einem gewissen Grade hallt dieses Echo in uns allen wider. Der Werwolf ist ein Ungeheuer des Unbewußten, »das Tier in uns«, das sich immer noch einen Weg in unsere Träume bahnen kann. Der amerikanische Psychoanalytiker Dr. Nandor Fodor hat eine Reihe von Träumen aufgezeichnet, von denen ihm Patienten berichtet haben. Darin spielt das Werwolfthema mit allen seinen brutalen Einzelheiten von Verwandlung, wilden Überfällen und Morden eine herausragende Rolle.

Das äußerste Extrem dieses Urinstinktes wird am deutlichsten in den Geheimbünden der Leopardenmänner in Westafrika, die sich bis zum heutigen Tage als Leoparden verkleiden. Obwohl höchst unwahrscheinlich ist, daß sich ein Mensch in einen Wolf verwandeln kann, besteht kein Zweifel daran, daß der Mensch häufig die wildesten Tiere nachahmt und sogar ihr Fell anlegt.

DIE WANDELNDEN TOTEN

»Die Augen waren am schlimmsten. Ich habe es mir nicht nur eingebildet, sie glichen wirklich den Augen eines Toten — sie waren nicht blind, sondern starrten nur vor sich hin, unscharf und ohne Wahrnehmung. Das ganze Gesicht war natürlich schon schlimm genug. Es war leer, als sei nichts dahinter. Es wirkte nicht nur ausdruckslos, sondern unfähig zu jedem Ausdruck. Ich hatte schon vorher in Haiti soviel erlebt, was außerhalb der normalen Erfahrung lag, daß ich für einen Sekundenbruchteil eine widerwärtige, fast panikartige Anwandlung verspürte, in der ich dachte, oder, besser gesagt, fühlte: ›Mein Gott, vielleicht stimmt das alles wirklich . . .‹«

So beschrieb William Seabrook seine Begegnung mit einem der erschreckendsten Wesen, die je aus dem Reich des Übernatürlichen hervorgegangen sind. Seabrook stand einem Zombie, einem wandelnden Leichnam, von Angesicht zu Angesicht gegenüber. In jenem Moment war er bereit, alles zu glauben, was er seit seiner Ankunft auf der Insel Haiti über Zombies gehört hatte.

Das Schicksal des Zombies ist noch trauriger als das des Vampirs oder des Werwolfs. Der Vampir kehrt zu denen zurück, die ihm nahestehen; er wird vielleicht erkannt und zur Ruhe gelegt. Der Werwolf kann verwundet werden und seine menschliche Gestalt zurückgewinnen. Doch der Zombie ist ein willenloser Automat, der dazu verdammt ist, seine Existenz im Zwielicht grausamer Sklaverei zu beenden. Ein Zombie kann sich bewegen, essen, hören, sogar sprechen, aber er erinnert sich ncht an seine Vergangenheit und ist sich seines gegenwärtigen Zustandes nicht bewußt. Er mag an seinem eigenen Heim vorbeigehen oder in die Augen seiner Angehörigen blicken, ohne eine Regung des Erkennens zu zeigen.

Der Zombie ist weder Gespenst noch Mensch; man sagt, daß er — vielleicht für immer — in jener »Dunstzone, die das Leben vom Tode trennt«, gefangen ist. Denn während der Vampir der lebende Tote ist, ist der Zombie nur der wandelnde Tote — ein Körper ohne Seele oder Intellekt, der durch Zauberei aus dem Grab geholt wurde und den Schein des Lebens verliehen bekam. Er ist das Geschöpf des Zauberers, der ihn als Sklaven benutzt oder ihn vermietet, gewöhnlich um auf dem Land zu arbeiten.

Haiti ist die Heimat des Zombies. Auf der Insel wimmelt es von Geschichten über Menschen, die starben, begraben wurden und manchmal Jahre später als wandelnde Leichen wieder auftauchten. Von einem der berühmtesten Fälle, der von der amerikanischen Schriftstellerin Zora Hurston im Jahre 1938 zuerst aufgezeichnet wurde, wird in Haiti noch heute erzählt. Er betrifft Marie, ein schönes junges Mädchen der Gesellschaft, die im Jahre 1909 starb. Fünf Jahre nach ihrem Tode wurde Marie von mehreren früheren Schulfreunden am Fenster eines Hauses in Port-au-Prince, der Hauptstadt von Haiti, gesehen. Der Besitzer des Hauses weigerte sich, Nachforschungen zu gestatten, und Maries Vater zögerte, darauf zu bestehen. Zwar wurde das Haus später durchsucht, aber der Besitzer war inzwischen verschwunden, und es gab keine Spur von dem Mädchen. Da sich die Nachricht über ganz Port-au-Prince verbreitet hatte, ließ man Maries Grab öffnen, um die öffentliche Meinung zu beruhigen. Man fand ein Skelett, das für den Sarg zu lang war. Die Kleider, in denen Marie begraben worden war, lagen ordentlich zusammengelegt neben dem Skelett.

Gerüchten zufolge war Marie ausgegraben und als Zombie ausgenutzt worden, bis der Zauberer, der sie gefangengehalten hatte, starb. Danach habe seine Witwe das Mädchen einem katholischen Priester übergeben. Nachdem ihre Schulkameraden sie gesehen hatten, soll ihre Familie sie, als Nonne verkleidet, aus Haiti hinausgeschmuggelt und in ein Kloster in Frankreich geschickt haben. Dort habe ihr Bruder sie später besucht.

Ein trauriger Aspekt der meisten Zombiegeschichten besteht jedoch darin, daß den Zombies gewöhnlich niemand zu Hilfe kommt. Angehörige und Freunde erfahren vielleicht nie von dem Elend des Zombies, oder wenn sie es tun, fürchten sie sich zu sehr, um einzuschreiten. Eine Mutter berichtete Zora Hurston von ihrem Sohn, der gestorben und beerdigt wurde. Nach dem Begräbnis verbrachten Freunde die Nacht bei der trauernden Frau und ihrer Tochter. Die Schwester des Jungen wurde nachts durch den Lärm von Singsang und Gepolter auf der Straße geweckt. Dann hörte sie deutlich die Stimme ihres Bruders. Ihre Schreie weckten alle anderen im Hause, und alle schauten aus den Fenstern. Draußen bahnte sich eine schaurige Prozession ihren Weg durch die Straße. In ihrer Mitte war der Junge, der am selben Tag beerdigt worden war. Während er vorbeistolperte, ohne etwas zu sehen, hörten alle seinen gequälten Schrei. »Doch der Schrecken, den diese Grabplünderer verursachen, ist so groß«, schrieb Zora Hurston, »daß niemand, nicht einmal die Mutter oder die Schwester, es wagte, hinauszugehen und einen Rettungsversuch zu machen.« Die Prozession schlurfte weiter, bis sie außer Sicht war. Die Schwester des Jungen verlor danach den Verstand.

Warum fürchten sich die Haitaner so sehr vor Zombies? Was könnte Menschen geschehen, die versuchen, ihre toten Angehörigen zu befreien? Existieren Zombies überhaupt? Um all diese Fragen zu beantworten, müssen wir einen Blick auf die Vergangenheit von Haiti werfen, insbesondere auf den Glauben und die Praktiken der Voodoo-Religion.

Voodoo ist eine einzigartige Kombination aus afrikanischen, römisch-katholischen und sogar einigen indianischen Glaubensrichtungen, der überlieferte okkulte Praktiken aus Europa hinzugefügt sind. Seine tiefsten Wurzeln sind in Afrika verankert: Voodoo begann mit der Ankunft großer Mengen von afrikanischen Sklaven in Haiti. Dieser fürchterliche Menschenhandel nahm seinen Anfang, als Haiti im 16. Jahrhundert zu Spanien gehörte, und verstärkte sich im späten 17. Jahrhundert, als die Insel in französische Hände überging. Haiti war die reichste Kolonie Frankreichs — und hing von der Sklavenarbeit ab, wenn sie es bleiben wollte. Europäische Händler an der Westküste Afrikas, die schon die Plantagen der Neuen Welt mit Millionen von Sklaven versorgten, waren nur zu gerne bereit, die wachsende Nachfrage Frankreichs zufriedenzustellen. Wenn die französischen Behörden diesen Handel rechtfertigen mußten — was selten genug geschah —, so stützten sie sich auf das Argument, daß die Sklaverei das beste Mittel sei, um die heidnischen Afrikaner zum Christentum zu bekehren. Viele Sklaven traten wirklich der Katholischen Kirche bei, paßten aber die Lehren des Christentums an ihre eigene Veranlagung und ihre eigenen Bedürfnisse an. Die Vermischung christlicher Riten mit ihren religiösen Ritualen sollte sich über die Jahrhunderte hinweg erhalten. Sogar heute noch praktizieren viele Haitaner trotz der Mißbilligung der Kirche gleichzeitig Voodoo und den katholischen Glauben.

Die Sklaven wurden aus allen Teilen Westafrikas nach Haiti gebracht, doch die Mehrheit kam aus Gebieten, die von Yoruba sprechenden Völkern dominiert wurde. Diese Gruppen glaubten inständig daran, daß Menschen von den Göttern besessen sein können. Obwohl sie ihrer Heimat und ihren Familien entrissen und unter entwürdigenden Bedingungen in ein fremdes Land transportiert wurden, brachten die Sklaven ihre Traditionen, ihren Glauben an Magie und Hexerei und die Erinnerung an die Götter und Vorfahren mit, die sie in den Wäldern Afrikas verehrt hatten. In Haiti sollte sich daraus die Grundlage des Voodoo bilden. Die neue Religion wurde zum Trost und zur einigenden Kraft für ein leidendes und entwurzeltes Volk, weshalb sie rasch von den französischen Behörden verboten wurde. In den Untergrund getrieben, wurde Voodoo stärker und unheimlicher.

Der Sklavenhandel war ein Riesengeschäft. Tausende, die während oder nach der Reise starben, wurden fortlaufend ersetzt. Etwa ab 1750 wurden in jedem Jahr 30 000 Sklaven in Haiti ausgeladen. Während eine Generation von Sklaven der anderen folgte, begannen sie, eine mächtige Sehnsucht zu spüren, ein Heimweh nach der Vergangenheit, das die Flammen der Rebellion schürte. Der erste Versuch, die Unabhängigkeit zu erringen, fand im Jahre 1757 in Haiti statt. Macandal war der Führer dieser Rebellion fanatischer Flüchtlinge, doch er wurde von den Franzosen gefangen und verbrannt. Mehrere Aufstände schlossen sich an und erzwangen schließlich die Erklärung der Unabhängigkeit von Haiti im Jahre 1804. Nach dem Rückzug der französischen Kolonisten, die den christlichen Glauben hochgehalten hatten, erhielt die Voodoo-Religion ein sicheres Fundament.

Voodoo ist eine Religion mit festen Formen, die ihre eigenen Götter und gottesdienstlichen Riten besitzt. Doch sie hat auch ihre düstere Seite — den Voodoo der schwarzen Magie, Zauberei und des Aberglaubens, der Monstren, des Mordes und der Wiederbelebung von Toten. Blut ist ein wesentlicher Bestandteil einiger Zeremonien, zu denen gewöhnlich die Opferung solcher Tiere wie Schweine, Hennen und Hähne gehört.

Voodoo-Zeremonien finden in *tonnelles* statt. Das sind entweder einfache grobe Hütten mit einem Lehmfußboden oder elegante Gebäude, doch sie enthalten immer einen geschützten Bereich für rituelle Tänze. Während dieser Tänze machen Gläubige die zentrale Erfahrung des Voodoo-Kultes — die Besitzergreifung durch die Götter. Die Tänze, der Gesang und das Pochen der Trommeln sollen eine Atmosphäre schaffen, in der Gott und Anbeter eins werden. Auf dem Höhepunkt des Tanzes treten die Gläubigen in einen Trancezustand ein — eine Art kollektives Delirium —, der mit dem Zusammenbruch endet.

Ein Tänzer kann von jedem beliebigen einer großen Zahl von Göttern und Geistern besessen werden. Viele von ihnen sind immer noch unter ihren afrikanischen Namen bekannt. Während der Besessenheit soll der Tänzer tatsächlich zu dem Gott oder Geist *werden* und nicht nur die Persönlichkeit des Gottes, sondern auch seine physische Gestalt, seine Gesten und sein Verhalten annehmen. Wenn zum Beispiel der uralte Geist Papa Legba, der Hüter des Tores in die andere Welt und Gott der Kreuzwege, dessen Symbol eine Krücke ist, Besitz von einem Tänzer ergreift, so wird dieser anscheinend alt und lahm. Andere, die den Geist erkennen, eilen mit Stöcken und Krücken herbei, um ihm zu helfen. Ein Meeresgott rudert mit unsichtbaren Riemen. Eine kokette Göttin läßt eine von ihr besessene Person gezierte, eitle Gesten annehmen. Eine traditionelle Göttin aus Dahome namens *Agassa* — die königliche Verbindung eines Panthers mit einer Frau — übt ihre Macht auch in Haiti aus und bringt besessene Tänzer dazu, ihre Finger zu Klauen zu versteifen. Böse Geister können einen Tänzer in krampfhafte Zuckungen versetzen. Die Besessenheit kann mehrere Stunden andauern und so absolut sein, daß die Besessenen über brennende Kohlen schreiten oder die Hände in kochendes Wasser halten können, ohne zusammenzuzucken, ebenso wie die Mitglieder einiger afrikanischer Stämme in Trance ihre eigenen Finger abzuschneiden pflegten.

Ein britischer Besucher von Haiti, Patrick Leigh Fermor, gibt eine

Ein Mann in Trance balanciert in Dahome auf einem Dach, wobei er singt und seinen zeremoniellen Stab schwenkt.

Ein in Haiti fotografiertes gräßliches Ausstellungsstück. Es handelt sich um zwei geschrumpfte mumifizierte Figuren, die als Clahuchu und seine Braut bekannt sind. Der Aussteller behauptete, daß sie im Jahre 1740 entdeckt wurden und als letzte dem untergegangenen Stamm der Ju-Ju oder Teufelsmenschen angehörten. Er sagte weiterhin, daß die Haut, die Hörner und Hufe geröntgt und als menschlich identifiziert wurden.

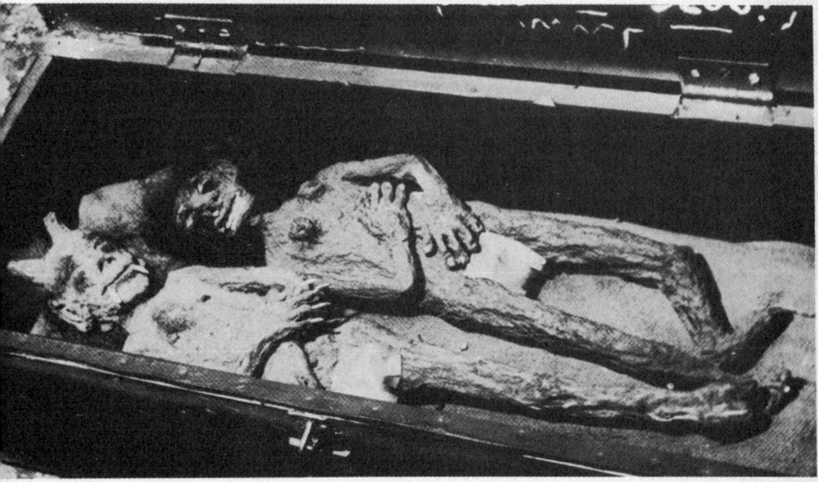

Ein von Petro Simbi besessenes Mädchen mit dem Schwert, das die Herrschaft des Gottes über einen seiner Anbeter anzeigt.

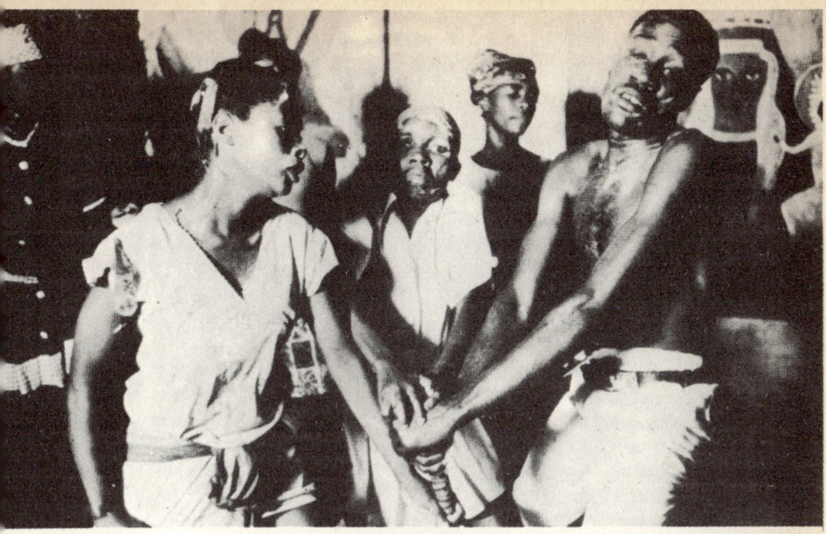

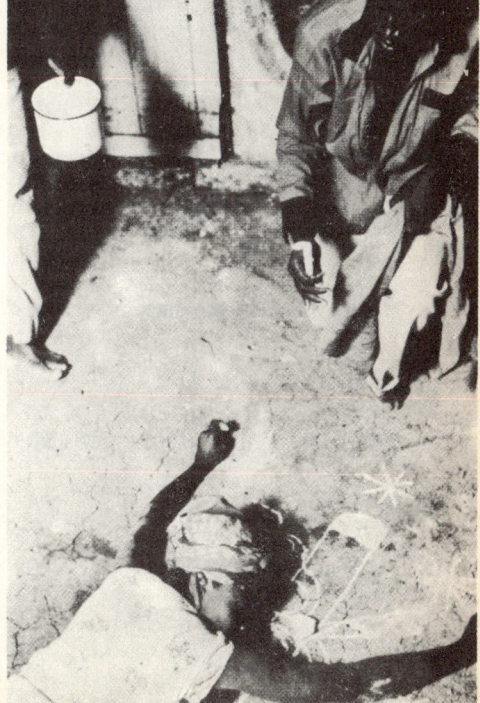

Tänzer, die von Göttern besessen sind.

Eine Frau in Trance. Die Zeichnung im Mehlstaub auf dem Boden stellt das Merkmal des Schlangengottes Dambella dar.

Interpretation dessen, wie sich die Besitznahme — oder die angebliche Inkarnation der Götter in den Gläubigen — abwickelt. In seinem Buch *The Traveller's Tree*, das 1950 geschrieben wurde, notiert er: »Jeder Haitianer... wird von frühester Kindheit an geistig auf das Ereignis der Inkarnation vorbereitet; und er weiß, daß sich der Augenbilck des Wunders in der dunklen *tonnelle* abspielt, wo die Luft mit Geheimnissen geschwängert ist und wo die Trommeln schon heftig auf seine Nerven und sein Gehirn einwirken... Wenn er also durch die Trommeln, den Tanz und die göttliche Gegenwart in einen Zustand der Hysterie und des körperlichen Zusammenbruchs versetzt worden ist, bahnt sich eine latente Selbsthypnose ohne Gegenwehr den Weg an die Oberfläche seines Gehirns und übernimmt die Herrschaft.«

Man hat durch elektrische Aufzeichnungen des menschlichen Gehirns zweifelsfrei festgestellt, daß es besonders sensibel auf rhythmische Reize reagiert. Der *hungan* oder Voodoo-Priester kann also die Beeinflußbarkeit verstärken, indem er die Tonhöhe und die Geschwindigkeit der zeremoniellen Rhythmen verändert. Es ist bekannt, daß die Hungans auch magische Pulver und Kräuter als Hilfsmittel für die Besitzergreifung verwenden. Man sagt, daß sogar eine so gewöhnliche Substanz wie Pfeffer ausreichen kann, um in der fieberhaften Atmosphäre der Voodoo-Zeremonie Besessenheit hervorzurufen.

Was auch die Besessenheit auslösen mag, Voodoo-Anbeter glauben, daß der Gott erst dann von ihrem Körper Besitz ergreifen kann, wenn ihre Seele entrückt ist. Für sie besteht die Seele aus zwei Geistern: dem *gros-bon-ange* (großer guter Engel) und dem *ti-bon-ange* (kleiner guter Engel). Der ti-bon-ange ist das, was wir als Bewußtsein eines Menschen bezeichnen könnten. Der gros-bon-ange ist das Wesen seiner Seele — alles, was seine Eigenheit ausmacht.

Ohne den gros-bon-ange verlieren der ti-bon-ange und der Körper die Verbindung miteinander. Es ist der gros-bon-ange, der während der Besessenheit entrückt wird, so daß der Mensch nicht mehr er selbst ist, sondern der Gott, der seinen Körper übernommen hat. Gewöhnlich endet die Besessenheit spontan, und der gros-bon-ange des Gläubigen wird ihm automatisch zurückgegeben. Manchmal allerdings ist die Rückkehr zu sich selbst nur mit Hilfe des Hungan möglich. Auch nach dem Tode eines Menschen wird große Sorgfalt darauf verwandt, seiner körperlosen Seele ein neues Heim zu verschaffen. Die Seele, die zunächst einige Zeit auf dem Grunde eines Flusses verbringt, wird von dem Hungan in einer besonderen Zeremonie zurückgerufen und in einem heiligen Gefäß, dem Ersatz für den körperlichen Leib, untergebracht. Danach wird sie zu einem Ahnengeist, der seine Familie berät und beschützt. Diese Vorstellung der Seele liegt vielen Varianten des Voodoo-Aberglaubens, darunter auch dem Glauben an Zombies, zu Grunde. Denn eine Seele, die für die Zeremonie der Besitzergreifung entrückt ist, kann in böse

Ein Friedhof in Haiti. Das Kreuz im Vordergrund ist nicht christlich, sondern voodooistisch. Daran hängt ein Kleidungsstück des Menschen, der darunter begraben ist, damit die bösen Geister von ihm angezogen werden und die Leiche in Frieden lassen. Die meisten Menschen können ihre Gräber nur mit kleinen Steinen bedecken, doch Familien, die vermögend genug sind, lassen eine schwere Steintafel auf das Grab legen, um jeden Zauberer daran zu hindern, den gerade beigesetzten Körper zu stehlen und zu einem Zombie zu machen.

Die Frau, die als Felicia Felix-Mentor gilt und 29 Jahre nach ihrem Tod entdeckt wurde, als sie nackt umherwanderte. Die Photographie wurde in einem Krankenhaushof von Zora Hurston gemacht, welche die Geschichte veröffentlichte. Die Frau wurde als Zombie bezeichnet. Sie hatte die Fähigkeit zum Sprechen völlig verloren und verkroch sich ängstlich unter einer Decke, wenn sich ihr jemand näherte, da sie anscheinend Beschimpfungen und Mißhandlungen erwartete. Sie schien nicht in der Lage zu sein, einen zusammenhängenden Gedanken zu fassen.

Hände fallen. Zwar wünschen sich die Gläubigen mit aller Frömmigkeit, daß ihr seelenloser Körper von einem Gott besessen wird, doch damit entsteht auch die Möglichkeit, daß ein Körper den üblen Manipulationen eines Zauberers zum Opfer fällt.

Der Voodoo-Zauberer oder *bokor* ist eine Furcht gebietende Persönlichkeit, die mit dem Toten kommuniziert und im eigenen Interesse sowie dem von Auftraggebern die schwärzesten Künste ausübt. Zuweilen sind der Hungan und der Zauberer ein und dieselbe Person, denn man sagt, daß ein Priester mit den Techniken der Zauberei wohlvertraut sein muß, wenn er ihnen erfolgreich entgegentreten will. Ein Hungan mag einen Fluch an einem Tag mit weißer Magie bekämpfen und am nächsten einen Zauber mit schwarzer Magie bewirken. Hungans können gute Geister beschwören oder böse wie den *Zandor,* der Menschen in Schlangen und Vampirfledermäuse verwandelt. Voodoo-Spezialisten behaupten jedoch, daß ein wahrer Hungan niemals etwas mit Zauberei zu tun haben will, und zweifellos gibt es Bokor, die keine Voodoo-Priester sind. Die Bokor inspirieren verbrecherische Gemeinschaften, beten den Teufel an und versammeln sich auf Friedhöfen, um den düsteren Kult der Toten zu praktizieren.

Diese Zauberer stellen aus Friedhofserde und den Knochen toter Menschen Pulver her, um »die Toten« gegen einen Feind »zu schicken«. Es genügt, das Pulver vor der Tür des Opfers oder auf einem Pfad, den es oft betritt, auszustreuen, um es zu lähmen oder zu töten, wenn nicht ein anderer Hungan rechtzeitig einen Gegenzauber bewirkt. Ein weiterer gefürchteter Brauch besteht darin, einer Leiche die Kleidung des ins Auge gefaßten Opfers anzuziehen und sie an einem geheimen Ort zu verbergen, wo sie verwest, während der Lebende auf der Suche nach ihr verrückt wird. Erforscher des haitianischen Glaubens haben darauf hingewiesen, daß sich unheilvolle Ergebnisse einstellen können, wenn das Opfer weiß, was vorgeht und selbst an die Kraft der Magie glaubt.

Haitianer erzählen schaurige Geschichten von Leichen, die aus dem Grab gezerrt wurden, um dem grausamen Willen des Zauberers zu Diensten zu sein. In seinem Buch *The Magic Island,* das im Jahre 1936 geschrieben wurde, führt William Seabrook die Geschichte der jungen Frau Camille und ihres Mannes Mathieu Toussel an. An ihrem ersten Hochzeitstag brachte Toussel seine Frau kurz nach Mitternacht zu einem Festmahl. Er bestand darauf, daß Camille ihr Hochzeitskleid trug, und sie gehorchte, da sie sich vor ihm fürchtete. Als das Paar ein mit Kerzen beleuchtetes Zimmer betrat, das für ein Bankett hergerichtet war, bemerkte Camille vier weitere Gäste, die alle Frackanzüge trugen. Keiner von ihnen wandte sich jedoch um, um sie zu begrüßen. Toussel entschuldigte sich für ihr Verhalten und versprach, daß alle vier Männer nach dem Essen mit ihr trinken und tanzen würden. Seine Stimme klang seltsam und gezwungen. Camille sah, daß die Finger eines der Gäste bewegungslos um ein geneigtes, überfließendes Weinglas verkrampft waren. Sie nahm eine Kerze, um ihm ins Gesicht zu blicken — und erkannte, daß sie ihr Bankett mit vier aufgestützten Leichen teilte.

Das Mädchen lief in panischer Angst um ihr Leben, doch sie erholte sich nie wieder von ihrem alptraumhaften Erlebnis. Freunde, die später am selben Tag zum Schauplatz zurückkehrten, fanden alles so hergerichtet, wie sie es beschrieben hatte — aber keine Spur von den stummen Gästen und Toussel, der von der Insel geflüchtet sein soll.

Ist das Legende oder Tatsache? Handelt es sich um die Manipulationen eines Ehemannes mit Zauberkräften oder um die Einbildung einer psychisch gestörten Ehefrau? Die Haitianer, die Seabrook diese Geschichte erzählten, hielten sie für wahr. Sie kannten weitere Erzählungen ähnlicher Art. Haitische Kinder wachsen mit Geschichten von schwarzer Magie, Phantomen und Zaubereien auf. Ihre Mütter warnen sie davor, mit Schatten zu spielen, und drohen, daß der Bokor oder der *tonton macoute,* ein wandernder Voodoo-Zauberer, sie holt, wenn sie nicht artig sind. Diese Drohung konnte sich unter dem Diktator von Haiti, Dr. Francois Duvalier, dessen starke Privatarmee als *tontons macoutes* bezeichnet wurde, als höchst zutreffend erweisen.

Es ist diese Atmosphäre der Furcht und des Aberglaubens, die den Glauben an den Zombie hervorgebracht hat. Vom Friedhofskult und ausgegrabenen Körpern ist es nur noch ein kurzer Schritt bis zur Vorstellung von einem Leichnam, dem durch schwarze Magie ein Scheinleben zurückgegeben wird. Manche würden sagen, daß dies die Absicht war, die Toussel mit seinen Bankettgästen hatte. Von allen übernatürlichen Schrecken, welche die Zauberei für den Unvorsichtigen bereithalten mag, wird das Schicksal des Zombies am stärksten gefürchtet. Auch den Gebildetsten fällt es nicht leicht, diese Drohung zu verwerfen. Alfred Metraux, Verfasser von *Voodoo in Haiti,* studierte die Zombies in den späten fünfziger Jahren. Er sagt: »In Port-au-Prince gibt es auch unter den Gebildeten nur wenige, die diesen makabren Geschichten nicht einen gewissen Wahrheitsgehalt zumessen.«

Eine der makabren Geschichten, die Metraux aufzeichnete, handelt von einem jungen Mädchen, das die Annäherungen eines mächtigen Hungan zurückwies. Er stolzierte davon und murmelte Drohungen über ihre Zukunft. Tatsächlich erkrankte das Mädchen und starb. Aus irgendeinem Grunde wurde sie in einem Sarg begraben, der zu kurz für sie war, und ihr Hals wurde nach vorne gebeugt, damit sie hineinpaßte. Während das geschah, fiel eine Kerze in der Nähe des Sarges um und verbrannte den Fuß des Mädchens. Jahre später behaupteten einige Leute, das Mädchen gesehen zu haben, das anscheinend lebte und an ihrem geneigten Kopf und ihrem verbrannten Fuß klar zu erkennen war. Den Gerüchten nach hatte der eifersüchtige Hungan sie zu einem Zombie gemacht und sie als Dienerin in seinem Haus festgehalten, bis der Fall

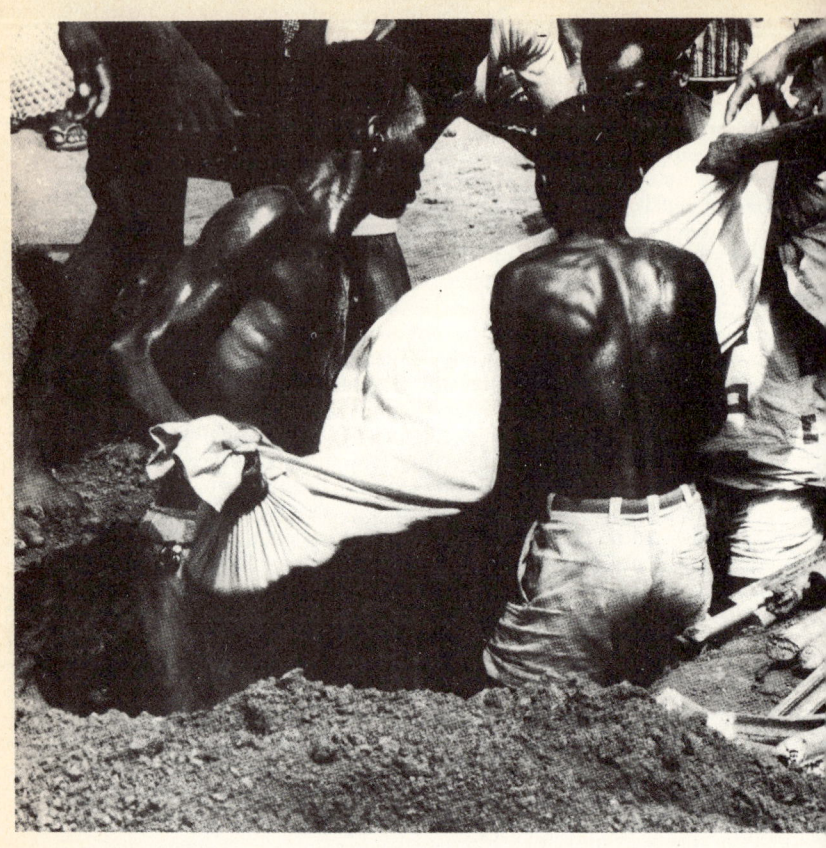

Ein religiöser Ritus im afrikanischen Dahome. Dabei wird ein Mensch mit Drogen in Trance versetzt, so daß sein Koma sieben bis neun Tage andauert. Während dieser Zeit wird er in ein Tuch eingewickelt und begraben. Der Hohepriester gräbt ihn schließlich aus und ruft ihn ins Leben zurück.

soviel Aufmerksamkeit erregte, daß er sie freilassen mußte.

Dieser Hungan wurde durch Rachegefühle motiviert; das ist ein häufiger Grund für die Schaffung von Zombies. In anderen Fällen werden Menschen einfach deshalb zu Zombies gemacht, um billige und anspruchslose Arbeitskräfte zu liefern. Dazu ist jede geeignete Leiche recht. Seltener sind sie die sorgfältig ausgewählten Opfer eines Paktes mit den Kräften des Bösen, die verlangen, für ihre Dienste mit menschlichen Seelen bezahlt zu werden. Während Christen davon reden, daß man seine eigene Seele an den Teufel verkaufen kann, verkauft ein Voodoo-Anhänger die Seelen anderer. Für Macht, Reichtum oder einen anderen Dienst muß er die Seelen derjenigen verpfänden, die ihm am nächsten stehen. Das schreckliche Opfer muß in jedem Jahr wiederholt werden, bis keine Verwandten oder geliebten Freunde mehr übrig sind und der Betreffende sich selbst opfern muß. Auch er gibt seine Seele auf. Dann wird sein Körper ebenfalls zu einem Zombie.

Ein solcher Pakt wird mit Hilfe des Bokor geschlossen. Nur er kann Zombies schaffen. Nach Einbruch der Dunkelheit sattelt er ein Pferd und reitet — mit dem Rücken nach vorn — zum Haus des Opfers. Er legt die Lippen an einen Spalt in der Tür, saugt die Seele des Menschen heraus und hält sie in einer verkorkten Flasche gefangen. Kurz danach wird das Opfer krank und stirbt. Am Tage der Beerdigung geht der Bokor um Mitternacht mit seinen Gehilfen zu dem Grab, öffnet es und nennt den Namen des Opfers. Da der Bokor seine Seele gefangenhält, muß der Tote antwortend den Kopf heben. Während er das tut, fährt der Bokor die Flasche mit der Seele für einen einzigen kurzen Moment unter der Nase des Toten vorbei. Dadurch wird die Leiche wiederbelebt. Der Bokor zerrt den Körper aus dem Grab, fesselt seine Handgelenke mit Ketten und schlägt auf seinen Kopf ein, um ihn noch weiter zu beleben. Danach verschließt er das Grab sorgfältig, damit niemand merkt, daß es geöffnet wurde.

Das Opfer wird zuerst von dem Bokor und dessen Verbündeten an seinem eigenen Haus vorbeigeführt. Damit soll garantiert werden, daß es sein Haus nie mehr erkennen und versuchen wird, dorthin zurückzukehren. Darauf bringt man es zu dem Haus des Bokor oder einem Voodoo-Tempel und gibt ihm eine geheime Droge. Manche meinen, daß es sich um einen Extrakt aus giftigen Pflanzen wie dem gemeinen Stechapfel oder Belladonna handelt, die ab und zu von den Sklaven der Kolonialzeit benutzt wurden, um ihre Herren zu töten. Andere behaupten, daß der Trank aus den Tropfen, die aus der Nase einer Leiche fließen, gemacht wird.

Es gibt noch andere Methoden, um die Seele eines Menschen einzufangen. Ein Glas mit Kräutern und magischen Gegenständen kann unter das Kopfkissen eines Sterbenden gelegt werden, um ihm die Seele zu entziehen; auch kann die menschliche Seele durch die Seele eines Insekts oder kleinen Tieres ersetzt werden. In keinem der beiden Fälle merkt das Opfer, was geschieht. Es ist sogar möglich, sich der Seele eines Menschen zu bemächtigen, der schon tot ist. Welche Methode auch benutzt wird, die Seele spielt bei dem Ritual am Grab immer dieselbe Rolle. Nachdem die magische Droge verabreicht wurde, ist das Ziel erreicht: Das Opfer ist zu einem Zombie geworden — einem gräßlichen, hypnotisierten wandelnden Leichnam, der dem Willen des Zauberers gehorcht.

Komplizierte Vorsichtsmaßnahmen werden getroffen, um den Zauberer daran zu hindern, den Toten aufzuwecken und einen Zombie zu schaffen. Eine Familie, die es sich leisten kann, bestattet ihre Toten vielleicht unter solidem Mauerwerk. Andere werden darauf achten, daß das Grab in ihrem eigenen Hinterhof oder neben einer Hauptverkehrsstraße angelegt wird, an der viele Menschen vorbeigehen. Da nur ein frischer und guterhaltener Körper den Zwecken des Bokor dient, können die Verwandten am Grab ständig Wache halten, bis die Leiche verwest ist. Zuweilen wird der Leichnam durch einen Schuß in den Kopf, Gift oder Erwürgen noch einmal getötet. Gelegentlich bestattet man ihn mit einem Dolch in der Hand, damit er sich verteidigen kann. Oft wird der Körper mit dem Gesicht nach unten und dem Mund voller Erde in das Grab gelegt, oder seine Lippen werden zusammengenäht, damit er nicht antworten kann, wenn der Zauberer seinen Namen nennt.

Wenn Menschen einmal zu Zombies geworden sind, können sie ihrer tödlichen Trance nie entkommen, es sei denn, sie äßen Salz (das häufig als Symbol weißer Magie gilt). Dann werden sie sich ihres Schicksals bewußt und kehren für immer in ihr Grab zurück, da sie wissen, daß sie gestorben sind.

In seinem Buch *The Invisibles* erzählt der britische Anthropologe Francis Huxley eine Geschichte, die er von einem katholischen Priester hörte. In ihrem Mittelpunkt steht ein Zombie, der im Jahre 1959 in sein eigenes Dorf zurückwanderte. Er wurde zur Polizeiwache gebracht, doch die Polizisten fürchteten sich so sehr, daß sie nichts unternahmen und ihn einfach draußen auf der Straße ließen. Nach mehreren Stunden brachte jemand den Mut auf, dem Zombie Salzwasser zu trinken zu geben. Darauf stammelte er seinen Namen. Später identifizierte ihn seine Tante, die in der Nähe wohnte. Sie bezeugte, daß er vier Jahre zuvor starb und beerdigt wurde.

Ein Priester wurde herbeigerufen, und der Zombie enthüllte den Namen des Zauberers, der ihn und eine Gruppe anderer Zombies gezwungen hatte, für sich zu arbeiten. Die Polizisten, die nun noch erschrockener als zuvor waren, sandten eine Botschaft an den Zauberer und boten an, ihm seinen Zombie zurückzugeben. Der Zombie wurde jedoch zwei Tage später aufgefunden. Diesmal war er wirklich tot — vermutlich wegen seiner gefährlichen Enthüllungen von dem Zauberer ermordet.

Der Zombie in Hollywood. In dem Film *I Walked with a Zombie* spielte David Jones den großen wandelnden Leichnam namens Carre Four. Hier trifft er Francis Dee, die in dem Film als Krankenschwester die schlafwandelnde Frau eines Pflanzers betreute.

Man verhaftete den Zauberer schließlich, fand aber keine Spur von seiner Frau und den anderen Zombies.

Viele Zombiegeschichten enthalten ein starkes Element des Zweifels. Oft fehlen Beweise ganz oder sind nur unvollständig. Doch es gibt andere Erzählungen, die weniger leicht zu übergehen sind. Katholische Priester und protestantische Geistliche berichten, daß sie Menschen sterben sahen, die Trauerfeier durchführten, den Sargdeckel schlossen und sich davon überzeugten, daß das Grab zugeschüttet wurde — nur um demselben Menschen, der starrende Augen hatte, nicht artikulationsfähig und anscheinend irre war, Tage oder Wochen später wieder zu begegnen.

Zora Hurston merkt an, daß solche Geschöpfe gelegentlich von einem Bokor, der bekehrt worden war, oder der Witwe eines Zauberers, die sich ihrer entledigen wollte, zu einem Missionar gebracht wurden. Sie gehört zu den wenigen Besuchern von Haiti, die einen Zombie gesehen, berührt und sogar fotografiert haben. Der Zombie war Felicia Félix-Mentor, die im Jahre 1907 überraschend an einer Krankheit gestorben war. Im Jahre 1936 wurde sie dabei entdeckt, wie sie auf einer Straße in der Nähe der Farm ihres Bruders nackt herumwanderte. Sowohl ihr Bruder als auch ihr Ehemann identifizierten sie als die Frau, die sie 29 Jahre zuvor beerdigt hatten. Sie war in einem so elenden Zustand, daß man sie in ein Krankenhaus brachte. Hier bekam Zora Hurston sie einige Wochen später zu Gesicht. »Es war ein schrecklicher Anblick«, schrieb sie danach. »Dieses leere Gesicht mit den toten Augen. Die Augenlider waren ganz weiß, als wären sie mit Säure verätzt worden. Man konnte nicht mit ihr sprechen oder irgendeine Reaktion aus ihr hervorlocken. Man konnte sie nur ansehen, doch der Anblick dieses menschlichen Wracks war nicht lange zu ertragen.«

Zombies oder zombieartige Geschöpfe existieren also wirklich. Aber sind sie tatsächlich wandelnde Leichen? Ist es möglich, einem Leichnam ein Scheinleben zu verleihen? Montague Summers, eine Autorität auf dem Gebiet der Hexerei und schwarzen Magie schrieb einmal: »Daß die Schwarzkunst einem Toten scheinbar Leben, Sprache und Bewegung verleihen kann, ist nicht zu bezweifeln, doch der Zauber ist ausnahmslos von kurzer Dauer, und die Manipulation wird, nach Geständnissen von Zauberern, als eine der schwierigsten und gefährlichsten der gesamten Hexerei angesehen, als eine Leistung, die nur von den übelsten und am tiefsten in höllische Verbrechen verwickelten Zauberern vollbracht werden kann.«

Ein Zauber von »kurzer Dauer« würde kaum genügen, um das Wiederauftauchen von Felicia Félix-Mentor nach 29 Jahren zu erklären. Eine weitaus glaubhaftere Erklärung besteht darin, daß sogenannte Zombies überhaupt nie tot waren. Manchmal wurde die Vermutung geäußert, daß Zombies einfach Doppelgänger von Menschen seien, die gestorben sind. Wenn das stimmt, warum wirken die Doppelgänger dann in Erscheinung und Gang wie charakteristische Zombies? Zombies sind bekannt für ihre ausdruckslosen und oft nach unten geschlagenen Augen, ihre leeren Gesichter und ihren torkelnden Gang. Wenn man sie anspricht, scheinen sie nicht zu hören, und ihre eigene Rede, die näselnd hervorgestoßen wird, ist fast immer unzusammenhängend. Oft besteht sie nur aus Grunzlauten und gutturalen Geräuschen tief in der Kehle. Dies sind oft die Kennzeichen von Geistesschwachen. Es ist nicht unwahrscheinlich, daß viele angebliche Zombies in Wirklichkeit Schwachsinnige sind, die von ihren Familien verborgen und absichtlich für tot ausgegeben werden, bis man sie, vielleicht viele Jahre später, wiedersieht. Alfred Metraux wurde einmal zu einem Zombie geführt und fand nur eine »arme Irre« vor. Am nächsten Tag wurde dieser Zombie als ein geisteskrankes Mädchen identifiziert, das aus seinem Heim geflüchtet war, wo ihre Eltern es gewöhnlich einschlossen.

Erforscher von Haiti haben betont, daß die brutale Behandlung von Zombies nicht schlimmer sei als die von Geisteskranken, die häufig geschlagen werden, um sie zum Gehorsam zu zwingen. Als er sich einmal von seinem ersten Schock über den Anblick jener »starren, unscharfen, wahrnehmungslosen Augen« erholt hatte, kam auch William Seabrook zu dem Schluß, daß die Zombies, die er gesehen hatte, »nichts als gewöhnliche arme Geisteskranke, Idioten, die zur Feldarbeit gezwungen wurden«, und nicht halblebendige Leichen waren.

Was soll man also von den verläßlichen Zeugen halten, welche die Beerdigung einiger sogenannter Zombies bestätigt haben? Haben sie gelogen? Nicht alle Zombies begannen als Schwachsinnige. Wie soll man sich zu dem Menschen stellen, der in der Erinnerung seiner Freunde ein gesundes, intelligentes Individuum ist und plötzlich als leeres, Kauderwelsch stammelndes Wrack seines früheren Selbst zurückkehrt? Dabei muß es sich um anders gelagerte Fälle handeln.

Die Antwort kommt aus einer überraschenden Quelle, nämlich Artikel 246 des alten haitianischen Strafgesetzbuches. »Auch als Tötungsabsicht zu bezeichnen«, heißt es da, »ist der Gebrauch von Substanzen, durch die eine Person nicht getötet, sondern auf einen mehr oder weniger langen lethargischen Zustand reduziert wird, und zwar ohne Rücksicht auf die Art, in der die Substanzen benutzt wurden oder was ihr späteres Ergebnis war. Wenn die Person nach diesem Zustand der Lethargie begraben wird, wird der Versuch als Mord verstanden.«

Daraus kann geschlossen werden, daß ein Zombie wirklich ein Mensch ist, der von seiner Familie beerdigt und betrauert und von dem Bokor aus seinem Grab gezerrt wurde, wie die Legenden besagen. Doch er ist lebendig begraben worden, nachdem er durch Drogen in eine todesähnliche Trance versetzt wurde, von der er sich vielleicht nie mehr erholt.

Ein prominenter haitianischer Arzt, den William Seabrook interviewte, war davon überzeugt, daß zumindest einige der angeblichen Zombies Opfer dieser Behandlung waren. Ärzte, mit denen Zora Hurston den Fall von Felicia Félix-Mentor besprach, stimmten zu. »Wir diskutierten ausführlich die Theorien der Entstehung von Zombies«, schreibt sie. »Wir kamen zu dem Schluß, daß es sich nicht um die Erweckung von Toten handelt, sondern um Scheintod, der durch eine Droge verursacht wird — ein Geheimrezept, das wahrscheinlich aus Afrika mitgebracht und von Generation zu Generation überliefert wurde... Offensichtlich zerstört es jenen Teil des Gehirns, der die Sprache und die Willenskraft regelt. Die Opfer können sich bewegen und handeln, aber keinen Gedanken formulieren. Die beiden Ärzte wünschten sich, dieses Geheimnis zu erfahren, waren sich aber über die Unmöglichkeit im klaren. Diese Geheimgesellschaften sind wirklich geheim. Ihre Mitglieder sterben eher, als daß sie etwas verraten.«

Die Idee, wenn vielleicht auch nicht die Schaffung des Zombies stammt mit großer Sicherheit aus Afrika, wo man sich immer noch legendäre Geschichten von Zauberern erzählt, welche die Toten wiedererwecken können. Der echte Zombie ist jedoch ganz allein in Haiti vertreten. Zyniker mögen meinen, daß sogenannte Zombies Irrsinnige oder Menschen in einem zeitweiligen Trancezustand sein müssen, aber es gibt zweifellos Fälle, die nur auf einer tieferen und unheimlicheren Ebene erklärt werden können. Heutzutage wird Voodoo oft als Touristenattraktion ausgebeutet, und spektakuläre Darstellungen schwarzer Magie können zur Unterhaltung von Ausländern und Einheimischen gleichermaßen geboten werden. Francis Huxley erzählt zum Beispiel von einem Beamten, der sah, wie ein Hungan eine Leiche aus ihrem Grab holte und sie offenbar wiederbelebte. In dem Grab fand der Beamte ein Rohr, das hinaus an die Luft führte. Der »Leichnam« war in Wirklichkeit der Komplize des Hungan und hatte bequem atmen können, während er auf seine Wiederauferstehung wartete.

Die Haitianer wissen von solchen Betrügereien, doch viele von ihnen glauben immer noch an Zombies und haben eine tiefverwurzelte Furcht davor, daß sie sich ihren Reihen anschließen könnten. Zwar mögen Zombies nicht aus dem Grabe auferstanden sein, aber es könnte sich um Menschen handeln, die durch Drogen in einen Zustand gebracht wurden, der vom Tod kaum zu unterscheiden ist. Wer wollte entscheiden, welches Schicksal schlimmer wäre? In beiden Fällen ist der Zombie wirklich ein wandelnder Toter.

WER GLAUBT AN FEEN?

»Ein epochales Ereignis — Feen fotografiert.« So lautete die Über-
schrift eines Artikels, der in einer führenden britischen Zeitschrift im
Jahre 1920 veröffentlicht wurde. Neben dem Artikel war das Foto eines
jungen Mädchens abgebildet, das von einer Gruppe winziger feenhafter
Gestalten umgeben war. Eine weitere Fotografie zeigte ein zweites
Mädchen, das einem kleinen elfenartigen Geschöpf mit Flügeln zunickte.
Die Mädchen waren Frances Griffiths und Elsie Wright. Sie hatten einander fotografiert, und da sie nie zuvor eine Kamera in der Hand gehabt hatten, war ein ausgeklügelter Betrug unwahrscheinlich. Der Verfasser des Artikels war Sir Arthur Conan Doyle, der angesehene Autor
der berühmten Sherlock-Holmes-Geschichten.

Innerhalb weniger Tage war die Zeitschrift mit den Bildern und dem
Artikel über die Feen von Cottingley ausverkauft. Die Nachricht von
den Fotografien ging um die ganze Welt und löste eine Kontroverse aus,
die bis jetzt nicht beendet ist. Die Mädchen schienen ehrlich und die
Fotografien echt zu sein. Sogar manche skeptischen Forscher fragten
sich plötzlich, ob Feen vielleicht doch existierten.

Wer glaubt an Feen? Die meisten von uns würden wahrscheinlich
mit einem nachdrücklichen »Ich nicht« antworten. Von allen übernatürlichen Phänomenen kommt uns die Fee am wenigsten glaubwürdig
vor. Der Gedanke an Feen ist so absurd, daß man im Englischen sogar
den Ausdruck »fairy stories« (Märchen, Feengeschichten) benutzt, um
offensichtliche Lügen zu beschreiben. Und doch war der Schöpfer des
Sherlock Holmes, dieses Meisters der Logik, überzeugt genug, um öffentlich zu erklären, daß er an Feen glaube. Conan Doyle war nicht
allein; auch Air Chief Marshal Lord Dowding, der Oberbefehlshaber
der Britischen Luftwaffe während des Zweiten Weltkrieges und eine
unbestreitbar eindrucksvolle Persönlichkeit, glaubte uneingeschränkt an
Feen. Dieser rationale und recht abweisende Mann zeigte Besuchern
gelegentlich ein Buch mit Fotografien von Feen und sprach mit eben-
solcher Überzeugungskraft über sie wie über militärische Taktik. Andere verantwortliche und offenbar ausgeglichene Personen, darunter Geistliche, Professoren und Ärzte, haben vorgebracht, daß solche Geschöpfe
existieren — und einige bezeugen, daß sie sie gesehen haben. Nur selten
allerdings hatten sie so zarte kleine Geschöpfe mit durchsichtigen
Schwingen gesehen wie die, welche Frances Griffiths und Elsie Wright
fotografiert hatten. Es handelte sich manchmal um häßliche, häufig um
schreckenerregende und ab und zu um böse Geschöpfe.

Die dreizehnjährige Elsie Wright und eine freundliche Fee auf einem Bild, das die zehnjährige Frances Griffiths aufnahm. Elsie hatte Frances schon vorher mit einer Gruppe Feen photographiert. Das geschah im Jahre 1917 in dem kleinen englischen Dorf Cottingley. Drei Jahre später wurden die beiden Photos als Illustrationen eines Zeitschriftenartikels benutzt, wonach eine heftige Auseinandersetzung über ihre Echtheit begann. Man hat nie definitiv beweisen können, daß sie gefälscht waren.

In einer irischen Feengeschichte wird Molly von den Feen geraubt, um ihnen als Kinderschwester zu dienen. Ihr unglücklicher Ehemann John hört sechs Wochen lang nichts von ihr. Dann erzählt ihm eine Nachbarin von ihrem eigenen Abenteuer als Hebamme bei der Feenkönigin. Dabei entdeckte sie Molly und fand heraus, wie sie zu retten war: John muß sie ergreifen und nicht loslassen, wenn die Feenprozession vorbeizieht. John befolgt die Anweisungen seiner Nachbarin, und es gelingt ihm, seine Frau zu retten.

Walisische Feen versuchen einen Säugling aus den Armen seiner Mutter, Jennet Francis, zu stehlen. Sie soll nicht losgelassen und ihren Sohn behalten haben, der zu einem berühmten Prediger wurde.

Der Glaube an Feen war einmal universell, und die Fee wurde als mächtige Kraft angesehen, die man nicht außer acht lassen durfte. Evans Wentz, Verfasser von *The Fairy Faith in Celtic Countries* und eine Autorität auf dem Gebiet, schrieb: »Es scheint niemals einen wilden Stamm oder eine Rasse oder Nation von zivilisierten Menschen gegeben zu haben, die nicht irgendeine Form des Glaubens an eine unsichtbare, von unsichtbaren Wesen bevölkerte Welt besaß.« Wentz behauptet, daß »Feen tatsächlich als unsichtbare Wesen oder Intelligenzen existieren«. Er untersuchte die Feenwelt als »eine Tatsache der Chemie« und kam zu dem Schluß, daß das Feenreich wirklich existiert »in einer unsichtbaren Welt, in welche die sichtbare Welt getaucht ist wie eine Insel in einen unerforschten Ozean, und daß sie von mehr lebenden Spezies bevölkert ist als diese Welt, da ihre Möglichkeiten unvergleichlich großartiger und vielfältiger sind«.

Die Bewohner des Feenreiches sind allerdings »großartig und vielfältig«. Es gibt Feen in allen möglichen Gestalten und Größen. Sie sind zwar oft nur winzig, können aber auch zweieinhalb Meter und mehr groß sein und manchmal ihre Gestalt beliebig verändern. Feen nehmen oft ein halbmenschliches Aussehen an und lieben es, sich in menschliche Angelegenheiten einzumischen. Sie können ihre Zauberkräfte nutzen, um Sterbliche gefangenzunehmen oder zu lähmen, die Ernte zu stehlen oder Rinder mit Pfeilen zu töten, Menschen stolpern zu lassen oder ihnen Unglück zu bringen. Das Erscheinen mancher Feen kann den Tod eines Menschen ankündigen. Andere Feen sind großzügig und hilfsbereit, bringen Geschenke oder reinigen Häuser — doch auch sie sind mit Vorsicht zu behandeln. Es gibt keine durch und durch gute Fee, sogar die sanftesten können rachsüchtig werden, wenn man sie reizt. Im besten Falle sind Feen launenhaft und im schlechtesten völlig bösartig. Neben den winzigen Feen oder romantischen Legenden rechnet man Kobolde, Elfen, Heinzelmännchen, Todesfeen, Gnome, Trolle, Popanze, Naturgeister und viele andere zu ihnen. Ihre Macht ist unterschiedlich, aber die meisten sind den Menschen schlecht gesonnen und schaden ihnen eher, als daß sie ihnen helfen.

Feengeschichten werden auf der ganzen Welt erzählt, doch am stärksten ist der Feenglaube auf den Britischen Inseln. Sogar dort unterscheiden sich die Feen jedoch von Gebiet zu Gebiet. Die schönsten Feen kommen aus Irland — anmutige, majestätische kleine Geschöpfe, die als Dana o'Shee bekannt sind. Sie wohnen im Reich ewiger Schönheit und bleiben für immer jung. Die Dana o'Shee leben wie die Ritter und Damen des Mittelalters und haben einen König, eine Königin und einen Hofstaat. Sie tragen reich mit Juwelen geschmückte Kleidung und lieben sanfte Musik, Tanz und Jagd. Ihre Lieblingsbeschäftigung ist, mit ihrem König und ihrer Königin an der Spitze zu Prozessionen auszureiten. Bei diesen Gelegenheiten kann es am leichtesten vorkommen, daß sie von

Die erste Photographie der Feen von Cottingley, aufgenommen von Elsie Wright, zeigte
Frances Griffiths, die über eine sich fröhlich
tummelnde Gruppe von Feen hinwegblickte.
Die Mädchen beschrieben die Farben der Feen
als Schattierungen von Grün, Lavendel und
Hellviolett. Ihre Schwingen seien am dunkel-
sten gewesen, während ihre Körper und fliegen-
den Gewänder allmählich zu fast reinem Weiß
übergingen.

Ein Pwca oder Puck, von einem walisischen
Bauern mit einem Stück Kohle skizziert. Puck
ist ein Schelm, der — wenn er in seiner eigenen
Gestalt erscheint — grotesk elfenhaft ist.

Eine zusammengesetzte Photographie einer britischen Zeitung, die demonstrieren sollte, wie die Bilder der Feen von Cottingley hergestellt worden sein könnten. Das gefälschte Photo zeigt Sir Arthur Conan Doyle, den Verfasser des mit den Feenbildern illustrierten Artikels, mit einem winzigen Kreis übermütiger Feen an der Schulter.

Das Zeitungsbild wurde sehr einfach angefertigt, indem man den Kreis der Feen aus einem zeitgenössischen Reklameplakat ausschnitt und ihn auf einer leeren Platte photographierte. Die Platte mit dem Kreis wurde über ein gewöhnliches Bild des berühmten Autors gelegt und — siehe da! — Sir Arthur war von tanzenden Feen umringt.

95

Sterblichen gesehen werden.

Doch auch die hübschesten Feen sind heimtückisch, so daß manchmal gesagt wird, sie kämen aus dem Reich der Toten. Ein Mensch, der von ihrer Schönheit hingerissen und von ihrer Musik verzaubert ist, kann zum Tode verurteilt sein. Eine Geschichte aus Irland erzählt von einem Mann, dessen Frau von den Feen gefangengehalten wurde. Um sie zu retten, mußte er danach Ausschau halten, daß die Feen am Abend vor Allerheiligen mit ihr vorbeiritten, und einen Krug voll frischer Milch über sie gießen. Aber ohne sein Wissen enthielt die Milch einige Tropfen Wasser, wodurch die Kraft des Zaubers gebrochen wurde. Die Frau stürzte von ihrem Pferd, die Feen scharten sich um sie — und der Mann sah sie nie wieder. Am nächsten Morgen war die Straße mit dem Blut der toten Frau bedeckt. Die Feen hatten Rache genommen.

Die Iren haben auch eine ganze Reihe von weniger unheimlichen, aber manchmal grotesken »kleinen Leuten«. Sie sind die übermütigen Bürgerlichen des Feenlandes, die es lieben, Menschen Streiche zu spielen, aber auch nützlich und fleißig sein können. Am berühmtesten ist der *leprechaun,* ein Kobold, der Feenschuhe herstellt und den gewaltigen Stapel Feengold bewacht, nach dessen Entdeckung sich die Sterblichen sehnen. Manche der kleinen Leute helfen den Menschen bei der Hausarbeit, andere bitten Menschen darum, ihre winzigen Möbel oder Landwirtschaftsgeräte zu reparieren, und bieten dafür glückbringende Gaben an.

Auch die Elfen *(pixies)* in Cornwall im Südwesten Englands verteilen Geschenke, doch sie behalten ihre Belohnungen tüchtigen Haushälterinnen vor; zum Beispiel hinterlassen sie dem Besitzer einer sauberen und ordentlichen Küche silberne Münzen. Es sind fröhliche kleine Wesen mit rotem Haar und Stupsnasen, die auch gerne Streiche spielen und zum Beispiel Kerzen ausblasen, junge Mädchen küssen und an Wände klopfen. Sie ergötzen sich daran, Sterbliche in die Irre zu führen. Cornwall ist voll von Geschichten über diese Gefahr. Menschen, die in der Dämmerung dahinwandern, können plötzlich von einem seltsamen Taumel überwältigt werden und überall um sich herum mißtönendes Gelächter hören. Wenn sie nicht das Innere ihrer Mäntel oder Taschen nach außen kehren, was ein sicherer Schutz gegen den Zauber der Elfen ist, werden sie dazu gezwungen, stundenlang durch Hecken und Gräben zu jagen. Diesen Zustand bezeichnet man als »pixy-led« (von den *pixies* geführt). Die *pixies* sind aber auch dafür bekannt, daß sie große Entfernungen im Flug zurücklegen, um einen gutgefüllten Weinkeller zu finden. Deshalb kennzeichnet der Begriff »pixy-led« oder »pixilated« auch eine fröhliche Form der Trunkenheit.

Die Brüder der Elfen sind die Heinzelmännchen *(brownies und hobs),* die dauernd im Haushalt oder auf einem Bauernhof aushelfen. Sie sind als Schutz- oder Patenfeen bekannt, da sie dazu neigen, mit einer be-

Eine Voodoo-Priesterin, eine *mambo,* vom Meeresgott Agwe besessen, schaukelt auf einem Stuhl, um die Bewegung eines Bootes symbolisch darzustellen. Hintergrund ist ein Wandgemälde der Aida Ouedo, der Jungfrau Maria. Sie gilt als Frau des Schlangengottes Dambella.

Ein junger Teilnehmer an einer voodooartigen Zeremonie im afrikanischen Dahome, das die Heimat der meisten nach Haiti gebrachten Sklaven ist. Man hat ausgerechnet, daß 10 000 Sklaven jährlich aus einer einzigen Stadt verkauft wurden. Das Wort »Voodoo« bezeichnet in Dahome einen Gott, einen Geist oder einen heiligen Gegenstand.

Eine Voodoo-Trommel bei einer Zeremonie in Haiti. Die Trommel ist nicht nur ein Musikinstrument, sondern auch ein geheiligtes Objekt.

Eine Frau im fortgeschrittenen Stadium der Besessenheit durch den Schlangengott Dambella. Im allgemeinen reagieren diejenigen, die keine Erfahrung mit der Besessenheit durch Götter haben, am heftigsten, und die Gläubigen, die im Tempel dienen, wachen über sie, damit sie sich nicht verletzen.

stimmten Familie oder einem bestimmten Ort in Verbindung zu bleiben. Nur wenn man sie schlecht behandelt, ziehen sie weiter. Wie die meisten Feen reagieren die Heinzelmännchen jedoch übel auf jede Einmischung der Kirche. Eine schottische Geschichte erzählt von einem Heinzelmännchen, das einer jungen Frau ergeben war. Es half ihr in Liebesangelegenheiten, richtete ihre Hochzeit aus und brachte die Hebamme, als das Mädchen ihr erstes Kind erwartete. Obwohl die Hebamme sich »vor den Heinzelmännchen fürchtete«, trug es sie sicher auf dem Rücken über das brodelnde Wasser eines verwunschenen Teiches. Als der Geistliche des Ortes davon hörte, bestand er darauf, daß ein so guter und treuer Diener getauft werden müsse. Er verbarg sich in dem Stall, in dem das Heinzelmännchen gerade mit der Arbeit beginnen wollte, besprenkelte es mit etwas Weihwasser und fing an, die Worte der Taufe zu sprechen. Daraufhin stieß das Heinzelmännchen einen Schrei des Entsetzens aus, verschwand und wurde nie wieder gesehen.

Diese Geschichte deutet auf die vage Aura des Bösen und der Furcht hin, die auch die freundlichste Fee umgibt. Ein schlecht behandeltes Heinzelmännchen kann schnell zu einer Bedrohung werden. Es stellt jedoch nie eine so große Drohung dar wie eine andere Patenfee Irlands und Schottlands, die *banshee* (Todesfee). Ihr schreckliches Jammern warnt vor einem bevorstehenden Tod. »Banshee« kommt von einem irischen Wort, das »Feenfrauen« bedeutet, aber eine *banshee* gleicht eher einem weiblichen Gespenst, das die Mitglieder einer Familie oder eines Clans verfolgt und weint, wenn einer von ihnen sterben muß. In Schottland mag sie an einem Flußufer dabei beobachtet werden, wie sie die blutbefleckte Kleidung desjenigen wäscht, der sterben soll. Wenn es einem Menschen gelingt, sie zu packen, muß sie den Namen der zum Tode verurteilten Person preisgeben. Die Todesfee soll nur ein Nasenloch, einen großen vorstehenden Vorderzahn, Füße mit Schwimmhäuten und Augen haben, die vom ständigen Weinen rot sind. Das klagende Geheul mehrerer *banshees* gleichzeitig soll den Tod eines Heiligen prophezeien.

Die häßlichsten und gefährlichsten Feen sind die Kobolde, Unholde und Popanze. Einige dieser Geschöpfe sind bloße Unruhestifter, aber die meisten sind wahrhaft böse. Ein bestimmter Unhold *(imp)* scheint direkt aus der Hölle zu kommen. Er wurde auf Gemälden des 16. und 17. Jahrhunderts als Teufelchen mit einer runden Mütze, spitzen Schuhen, einem buschigen Schwanz und nackten Füßen anstelle von Händen dargestellt. In ihrem Buch *The Personnel of Fairyland (Die Bewohner des Feenlandes)* beschreibt Katherine M. Briggs einen besonders ekligen Unhold namens *Nackelavee,* einen Fleisch gewordenen Geist, der im schottischen Flachland gefunden wurde. Er lebte im Meer. Wenn er an Land kam, ritt er auf einem Pferd, das genauso fürchterlich war wie er selbst, so daß viele meinten, Pferd und Reiter seien ein einziges Wesen.

Sein Kopf glich dem eines Mannes, war aber zehnmal größer. Sein Mund erinnerte an einen Schweinerüssel, und er hatte kein Haar am Körper — ganz einfach deshalb, weil er keine Haut besaß. Der Atem des Nackelavee zerstörte angeblich Pflanzen und ließ Tiere krank werden, so daß er für alle Mißernten oder den Verlust von Tieren, welche die Klippen hinabfielen, verantwortlich gemacht wurde.

Ein alter Mann, der behauptete, dem Nackelavee begegnet zu sein, gab einen schauerlichen Bericht von einem riesigen »Mann« ohne Beine, mit Armen, die bis zum Boden reichten, und einem Kopf, der so heftig hin- und herrollte, daß er jederzeit abfallen konnte Am schlimmsten waren das rohe, offene Fleisch des Geschöpfes dort, wo seine Haut hätte sein sollen, und seine gewundenen gelben Adern, die mit schwarzem Blut verkrustet waren.

Ebenso schreckenerregend sind die *redcaps* (Rotmützen), eine Art Popanze aus dem schottischen Grenzland. Sie leben überall dort, wo Gewalttaten verübt werden, ermorden Reisende und färben ihre roten Mützen mit dem Blut ihrer Opfer. Die *Baobhan Sith* oder *glaistigs* sind Feenvampire, welche die Gestalt schöner Frauen annehmen und das Blut von Männern saugen, die mit ihnen tanzen. Wassergeister *(kelpies)* erscheinen als Pferde, entführen unvorsichtige Reiter in das tiefe Wasser eines Sees und verschlingen sie.

Im Gegensatz zu den oft bösartigen Feenarten stehen die Naturgeister, die Ströme und Seen, Wälder und Berge bewohnen. Ihre Aufgabe ist, sich um alles, was wächst, zu kümmern. Doch sogar diese Geister können Furcht einflößen, besonders die höheren Naturgeister, die mit elementaren Kräften und Naturgewalten wie Stürmen, Winden und weiten Landschaften zu tun haben. Geoffrey Hodson, ein Hellseher, der sorgfältige Notizen über die vielen Feen anlegte, die er angeblich beobachtet hatte, beschrieb einen höheren Naturgeist, den Hüter eines Berghanges, in seinem Buch *Fairies at Work and at Play.* »Mein erster Eindruck war der eines mächtigen, scharlachrot glänzenden, fledermaushaften Wesens, das ein Paar brennender Augen auf mich richtete«, schrieb er. »Sein Äußeres war nicht auf eine echte menschliche Gestalt konzentriert, sondern breitete sich irgendwie aus wie eine Fledermaus mit einem menschlichen Gesicht und menschlichen Augen; die Schwingen reichten über den Berghang hinweg ... Beim ersten Anblick muß seine Aura siebzig oder achtzig Meter eingenommen haben, doch als es später noch einmal auftauchte, war die tatsächliche Gestalt wahrscheinlich drei bis vier Meter groß.«

Das Äußere von Feen kann also von engelhaften, weißgekleideten Geschöpfen bis zu finsteren, monströsen und schrecklichen Gestalten variieren. Die meisten Feen tragen grüne Kleidung; die schönsten haben schimmernde Gewänder, und die *leprechauns* und *pixies* einfache kleine Anzüge. Manche Feen tragen allerdings bunte Kleidung, und die *pixies* sind gelegentlich nackt. Besonders weibliche Feen können zart unf fein sein, winzig genug, um es sich in einer Blume bequem zu machen, doch ihre Männer sind manchmal verkümmert und abstoßend. Heinzelmännchen sind oft verwahrloste Wesen mit breiten Nüstern, doch ohne Nasen, während die Popanze häufig ihre Gestalt nach Belieben verändern können und sich immer für die unerfreulichste entscheiden.

Wie die Geschichten über sie zeigen, haben die Feen einige gemeinsame Merkmale. Sie sind besonders an Kostbarkeiten interessiert, Liebhabern meist wohlgesonnen, und ihr eigenes Verhalten wird oft als lüstern und zügellos beschrieben. Trotzdem werden nur relativ wenige Feenkinder geboren, die noch dazu zu Schwäche und Kränklichkeit neigen. Daraus ergibt sich eine der widerwärtigsten Gewohnheiten der Feen: Sie stehlen menschliche Babys aus ihren Wiegen und hinterlassen statt dessen einen Wechselbalg — ein häßliches, merkwürdiges oder dummes Kind. Die menschlichen Eltern, die einen Wechselbalg in Obhut nehmen, werden nur selten von den Feen belohnt. Die Überlieferung besagt, daß sie das Kind schlagen und schlecht behandeln sollten. Äußerste Grausamkeit gegenüber dem Wechselbalg gilt als einziges Mittel, um sich seiner zu entledigen und sein eigenes Baby zurückzubekommen. Wenn das menschliche Kind wieder zurückgegeben wird, so gewöhnlich erst viele Jahre später.

Die Feen mögen zwar unsterblich sein, aber sie scheinen ständig Wert darauf zu legen, ihre Zahl zu vergrößern. Sie entführen nicht nur Säuglinge, sondern auch stillende Mütter, um ihre eigenen kränklichen Nachkommen zu ernähren. Sie fangen sich junge Mädchen als Bräute und bemächtigen sich starker oder geschickter junger Männer, die für sie arbeiten müssen. Eine der berühmtesten Feengeschichten, die in vielen Versionen erzählt wird, handelt von einer Hebamme, die eines Nachts von einem seltsam aussehenden alten Paar zu Hilfe gerufen wird. Die beiden führen sie zu einer Hütte, in der ein schönes junges Mädchen in den Wehen liegt. Nach der Geburt des Kindes geben die alten Leute der Hebamme etwas Salbe, die sie auf seine Augen reiben soll, warnen sie jedoch, ihre eigenen Augen damit nicht zu berühren. Entweder aus Neugier, Unvorsichtigkeit oder Besorgnis um das Wohlergehen des Kindes gehorcht die Hebamme der Warnung nicht und berührt ihre Augen mit der Salbe. Plötzlich sieht sie eine wilde Szene: Die sterbliche Mutter liegt in ihrem Bett, das von einer Menge schauderhaft häßlicher Feen umgeben ist. Die beiden Alten sind die allerhäßlichsten. Die Hebamme verbirgt ihr Entsetzen und gelangt sicher nach Hause. Einige Zeit später sieht sie den alten Feenmann und seine Frau wieder, die mit anderen Feen dabei sind, Waren von einem Marktstand zu stehlen. Die Hebamme stellt die Geschöpfe zur Rede und wird von ihnen gefragt, mit welchem Auge sie die Feen sehen könne. »Mit beiden«, antwortet sie — worauf sie ihre Augen anblasen, so daß sie völlig erblindet.

Auf einem Aquarell von Richard Doyle, einem Künstler des 19. Jahrhunderts, laben sich winzige Elfen an einer Fuchsie. Elfen spielen eine wichtige Rolle in der nordeuropäischen Mythologie und wurden ursprünglich in Lichtelfen und Schwarzelfen geteilt. Aus ihnen gingen offenbar die Feen der germanischen Folklore hervor, die wie die Elfen mutwillig und bösartig waren.

Däumelinchen wird in ihrem Bett von dem dikken gelben Frosch entdeckt.

Eine weitere Miniaturfee, die auf einer Illustration zu einer Feengeschichte von 1895 von einer Hummel fortgetragen wird.

Däumelinchen, das klassische Märchen von Hans Christian Andersen, erzählt von einem schönen winzigen Mädchen, das »nicht halb so groß wie ein Daumen« ist und in einer Walnußschale unter einem Rosenblatt schläft. Sie wird von einem dikken gelben Frosch entführt, um seine Frau zu werden, entkommt aber und findet schließlich Zuflucht bei einer Feldmaus. Diese ist freundlich zu ihr, arrangiert aber eine weitere Hochzeit — und zwar mit einem prallen samtschwarzen Maulwurf. Däumelinchen findet eine Schwalbe, die von der Kälte überrascht wurde, bevor sie nach Süden ziehen konnte, und pflegt sie gesund. Dann fliegt sie davon, doch gerade als das arme Däumelinchen vor der Hochzeit mit dem Maulwurf steht, kehrt die Schwalbe zurück, nimmt sie auf den Rükken und fliegt dorthin, »wo Orangen und Zitronen golden in den Wäldern hingen«. Dort nimmt sie der Feenkönig zur Frau.

Es ist typisch für die Feen, daß sie Spione und Lauscher verabscheuen und sie oft mit Blindheit strafen. Trotz ihrer eigenen Plündereien haben sie keine Nachsicht mit menschlichen Dieben, die ihr Eigentum begehren. Sie sind denen gewogen, die offen, ehrlich und großzügig sind, und verkleiden sich zuweilen, um Sterbliche zu besuchen und sie auf diese Eigenschaften hin zu prüfen. Wenn eine Familie die Feen bestechen will, muß sie eine Untertasse mit Milch oder einen Teller voll Bohnen auf das Fenstersims stellen und gelegentlich einen Eimer mit frischem Wasser in der Küche hinterlassen, damit sie ihre Babys baden können. Wer diese Dinge vernachlässigt, kann mit schmerzhaften Krämpfen gestraft werden.

Wenn die Feen zufriedengestellt sind, können sie über alle Maßen großzügig sein, obwohl man ihnen überschwenglich danken muß. Ausnahmen sind die Heinzelmännchen und manchmal die *pixies,* die bereitwillig und ohne Entlohnung für Menschen arbeiten. Es gibt viele Geschichten von Menschen, welche die Feen mit einem neuen Anzug bezahlen, was sie zwar erfreut, aber dazu führt, daß sie für immer fortgehen. Zuweilen fliegen sie davon wie Hexen, doch statt eines Besenstils benutzen sie einen Zweig oder ein Blatt.

Die Historie der Feen rühmt sich verschiedener führender Persönlichkeiten, zum Beispiel der Feenkönigin Mab. Sie beherrscht angeblich unsere Träume und soll nicht mehr als zwei Zentimeter groß sein. Ein Buch, das im Jahre 1588 in England veröffentlicht wurde und den Titel *The Mad Pranks and Merry Jests of Robin Goodfellow* trägt, beschreibt dieses Urbild aller Feen als Sohn eines menschlichen Mädchens und des Feenkönigs Oberon. Manche haben Goodfellow mit der Legende von Robin Hood, der die von den Feen bevorzugte grüne Kleidung trug, in Verbindung gebracht. William Shakespeare ließ Robin Goodfellow und andere berühmte Feen in seinen Stücken auftreten, und viele andere Schriftsteller und Dichter haben dazu beigetragen, die Feenlegende über die Jahrhunderte hinweg zu erhalten.

Heute sind wir alle mit den Feen vertraut, die in Kinderbüchern vorkommen, doch was sollen wir von den Fällen halten, die als Tatsachen ausgegeben werden? Im Rückblick läßt sich ermitteln, daß Feen in England zum erstenmal im 8. oder 9. Jahrhundert erwähnt wurden. Dabei handelt es sich um angelsächsische Zaubersprüche gegen »Elfenschüsse« — Pfeile, die, wie man glaubte, von Elfen abgeschossen wurden und beim Menschen Krankheiten verursachten. Danach folgen die Berichte früher Chronisten wie Walter Map, der die Legende von König Herla und den Feen im späten 12. Jahrhundert aufzeichnete.

Ein Chronist des frühen 13. Jahrhunderts, Gervase of Tilbury, bezog sich als erster auf äußerst winzige Feen, die nur ein bis zwei Zentimeter groß waren. In England kannte man sie als *portunes,* aber sie waren anscheinend in vielen Teilen Europas verbreitet. Ein weiterer Chronist zeichnete die Legende von Elidor auf, einem kleinen Jungen, der die Feen in einem unterirdischen Feenreich ohne Sonne, Mond und Sterne besuchte. Die Feen waren gütig und ehrlich, und Elidor bewegte sich ungehindert unter ihnen, bis seine zweifelnde Mutter ihn dazu anstiftete, dem Sohn des Feenkönigs einen goldenen Ball zu stehlen. Als er mit dem Ball auf dem Heimweg war, wurde Elidor von zwei Feen ins Stolpern gebracht; sie nahmen den Ball und verschwanden. Elidor fand das Feenreich nie wieder.

Der früheste Hinweis auf Wechselbälge stammt ebenfalls aus dem Mittelalter. Am berühmtesten ist die Geschichte von Malekin, einer Fee, die behauptete, ein seiner menschlichen Mutter gestohlenes Kind zu sein; sie hatte die Gabe, sich, wann immer sie wollte, unsichtbar zu machen. Malekin erschien von Zeit zu Zeit in Suffolk in Ostengland und sah aus wie ein winziges Kind, das einen weißen Rock trug. Sie aß die Speisen, die man für sie hinausstellte, und sprach mit den Dienern im breiten Dialekt von Suffolk. Wenn sie jedoch einem Geistlichen begegnete, unterhielt sie sich mit ihm auf lateinisch.

Suffolk wurde auch die Heimat der traurigen kleinen Grünen Kinder, eines Bruders und einer Schwester, die am Eingang einer Höhle gefunden wurden. Obwohl sie menschlich aussahen, war ihre Haut vollkommen grün und ihre Rede unverständlich. Sie weinten vor Hunger, wiesen aber jede Nahrung zurück, bis ihnen Bohnen, die Lieblingsspeise der Feen, angeboten wurden. Auf lange Zeit hinaus aßen sie nichts anderes. Der grüne Junge grämte sich und starb, aber seine Schwester lernte allmählich, die Nahrung Sterblicher zu essen, und verlor ihre grüne Farbe. Sie sagte, daß sie beide aus einem Lande des Zwielichts gekommen seien, sich in den Höhlen verirrt hätten und schließlich unter der Helligkeit und Hitze der Sonne zusammengebrochen seien. Das grüne Mädchen heiratete einen Mann aus der Gegend und lebte noch viele Jahre weiter, doch sie galt als »zügellos und wollüstig in ihrem Verhalten«.

Die Geschichte der Grünen Kinder soll sich in der Mitte des 12. Jahrhunderts abgespielt haben und wird von den Chronisten als Tatsache ausgegeben. Über die Jahrhunderte hinweg hat es noch viel mehr Augenzeugenberichte über Feen gegeben, besonders in einsamen Landgebieten.

Die bei weitem bemerkenswerteste Dokumentation der Existenz von Feen war die unseres eigenen Jahrhunderts, als Frances Griffiths und Elsie Wright die Feen von Cottingley fotografierten und Sir Arthur Conan Doyle einen Artikel über sie schrieb. Denn so unglaublich die Geschichte auch wirken mag, sie ist nie völlig widerlegt worden. Wir wollen einen Blick hinter die Schlagzeile »Ein epochales Ereignis — Feen fotografiert« des Jahres 1920 werfen.

Im Sommer 1917 trat Frances Griffiths, ein zehnjähriges Mädchen aus Südafrika, in dem Dorf Cottingley in Yorkshire ein, um ihre Cou-

Der arglistige Wasserdämon, der Kelpie, lauerte meist in der Gestalt eines Pferdes an den Seen und Flüssen des alten Schottland.

Die irischen Sluagh, eine Schar böser Geister, die wie ein Vogelschwarm zusammen fliegen. Es sind die Seelen toter Sünder, die versuchen, andere Seelen mitzureißen. Da sie von Westen her anfliegen, wurden im Zimmer eines Sterbenden nach Westen hinausgehende Fenster fest verschlossen, damit seine Seele nicht abgefangen wurde, bevor sie den Himmel erreichte.

Eine Illustration aus dem 19. Jahrhundert zu dem französischen Märchen
Der gelbe Zwerg; sie zeigt die reizende, hochmütige Prinzessin Tausendschön
mit dem häßlichen Gelben Zwerg, der sie zu einem Eheversprechen verleitete.
Am Ende tötet der Gelbe Zwerg den König der Goldminen, in den Tausendschön sich verliebt hat, um den Anspruch auf seine Braut geltend zu machen.
Doch Tausendschön bricht über dem Körper des Königs zusammen und stirbt
selbst.

sine Elsie Wright zu besuchen. Hinter dem Haus, in dem Elsie wohnte, lag eine schöne Bergschlucht; es war ein wildes und abgeschiedenes Tal, das von einem Flußlauf begrenzt wurde. Dieses Tal wurde bald zum liebsten Aufenthaltsort der Mädchen, und dort behaupteten sie Feen zu treffen und mit ihnen zu spielen. Es überrascht nicht, daß Elsies Eltern diese Geschichten nicht ernst nahmen, doch schließlich lieh Mr. Wright Elsie seine neue Kamera, nachdem sie ihn zum wiederholten Male gebeten hatte, sie beweisen zu lassen, daß sie die Wahrheit sprach. Er schob eine Platte hinein, stellte die Kamera ein und zeigte Elsie, wie sie zu bedienen war.

Innerhalb einer Stunde waren die Mädchen in das Haus zurückgekehrt, und Arthur Wright entwickelte die Platte später. Das Bild zeigte zweifelsfrei Frances Griffiths, welche die Hand unter das Kinn gelegt hatte und eine Truppe von Feen mit Schmetterlingsflügeln, die Flöte spielten und um sie herum paradierten.

Mr. Wright war erstaunt, aber nicht überzeugt und lieh den Mädchen noch einmal die Kamera mit einer Platte. Diesmal zeigte die Fotografie Elsie mit einem kleinen geflügelten Gnom mit Trikot, Wams und spitzer Mütze, der ihr gerade auf den Schoß springen wollte.

Die Wrights nahmen an, daß die Mädchen ausgeschnittene Figuren benutzt haben mußten. Elsies Vater durchsuchte die Bergschlucht nach Papier- oder Pappschnitzeln, fand aber nichts. Auch im Schlafzimmer der Mädchen ließen sich keine Hinweise entdecken. Die Eltern waren immer noch davon überzeugt, daß sie betrogen wurden, machten sich aber Sorgen, weil die Mädchen auf ihrer Geschichte beharrten, und beschlossen, daß es am besten sei, sich nicht mehr um die Sache zu kümmern. Die Mädchen benutzten die Kamera nicht mehr, und die beiden Fotos wurden auf einem Regal abgelegt, wo sie drei Jahre lang blieben.

Im Jahre 1920 besuchte Mrs. Wright einen Vortrag im Ort. Der Sprecher erwähnte Feen, und Mrs. Wright erzählte ihm von den Fotografien. Danach wurden die beiden Bilder an Edward L. Gardner weitergegeben, ein führendes Mitglied der Okkultisten-Organisation Theosophical Society, die ein besonderes Interesse an sogenannten Geisterfotografien hatte. Obwohl er zunächst unbeeindruckt war, ließ Gardner die Negative von Henry Snelling überprüfen, einem Berufsfotografen und Experten für gefälschte Fotos.

Snelling erklärte die beiden Fotografien für echt. »Diese beiden Negative sind völlig echte, ungefälschte Fotografien, die mit einmaliger Belichtung unter freiem Himmel gemacht wurden und anzeigen, daß sich alle Feengestalten bewegt haben. Es gibt nicht die geringste Spur einer Atelierarbeit mit Papp- oder Papiermodellen, dunklen Hintergründen gemalten Figuren usw. Nach meiner Meinung sind beide ordnungsgemäße, unretuschierte Bilder.«

Zu diesem Zeitpunkt warf Sir Arthur Conan Doyle sein beträchtliches

Ansehen in die Waagschale. Er plante einen Artikel über die Feenlehre für die Weihnachtsausgabe des *Strand Magazine* und spielte mit dem Gedanken, die Fotografien zur Illustration zu benutzen. Doch zunächst benötigte er einen zusätzlichen Beweis für ihre Authentizität. Die Negative wurden von der Firma Kodak geprüft, die ebenfalls erklärte, keinen Hinweis auf eine Fälschung finden zu können, obwohl sie eine solche Möglichkeit nicht ausschloß.

Gardner fuhr darauf nach Cottingley und veranlaßte Elsie und Frances, die inzwischen in England lebte, weitere Aufnahmen zu machen. Die Mädchen, jetzt sechzehn und dreizehn Jahre alt, erhielten beide eine neue Kamera und einen Satz heimlich markierter fotografischer Platten. Erstaunlicherweise begleitete sie kein unabhängiger Zeuge in die Schlucht, vielleicht weil sich die Feen nur Menschen zeigen würden, die ihnen sympathisch waren, und Monate benötigen würden, um sich an Fremde zu gewöhnen.

Obwohl das Wetter in den nächsten zwei Wochen außergewöhnlich schlecht war, machten die Mädchen drei weitere Fotografien. Jede zeigte winzige Feengestalten. Die Fotofirma identifizierte ihre markierten Platten und konnte nach gründlicher Analyse der Bilder keinen Betrug entdecken. Jetzt war Gardner überzeugt. Er wies darauf hin, daß die Wrights es nicht auf Publizität abgesehen hatten, da sie darauf bestanden, daß ihre wirklichen Namen in Conan Doyles Artikel nicht erwähnt wurden, und jede Bezahlung für die Fotografien ablehnten. Er betonte auch, daß Fälschungen beträchtliche Zeit gekostet und technische Fertigkeiten verlangt hätten, welche die Möglichkeiten eines Amateurfotografen bei weitem überstiegen.

Conan Doyle verließ sich auf Gardners Bericht und veröffentlichte seine sensationelle Geschichte. Er ließ ihr im März des Jahres 1921 einen weiteren Artikel und schließlich ein Buch mit dem Titel *The Coming of the Fairies* folgen. Doch er besuchte Cottingley nie selbst und unterhielt sich auch nicht mit den beiden Mädchen. Einer von denen, die es taten, war der Hellseher Geoffrey Hodson. Nach mehreren Wochen war auch er von der Ehrlichkeit der Mädchen überzeugt. Er und Gardner schlossen, daß beide Mädchen hellsichtig seien und Frances ein außergewöhnlich gutes Medium darstelle, deren Ektoplasma von den Feen benutzt wurde, damit sie sich zu Gestalten materialisieren konnten, die von der Kamera eingefangen wurden.

Ein Skeptiker, der heute die Fotografien betrachtet, würde nicht zögern zu behaupten, daß sie gefälscht sind. Die Feen sind klischeehafte kleine Geschöpfe, welche die konventionelle Vorstellung bis zu den Spitzen ihrer durchsichtigen Schwingen widerspiegeln und sogar Haartrachten tragen, die im Jahre 1920 modern waren. Auf dem ersten und berühmtesten Bild starrt Frances gerade vor sich hin und scheint die kleinen Gestalten, die sich vor ihr tummeln, gar nicht zu bemerken. Auf der

Ein wilder Mann einer mittelalterlichen Faschingsfeier aus einem deutschen Manuskript des 16. Jahrhunderts. WinterlicheFaschingsfeiern wurden in Nürnberg von 1449 bis 1539 abgehalten und waren äußerst ausgelassen. Ein Polizeibefehl des 15. Jahrhunderts beklagt sich über »wilde Männer und andere Vermummte«, die brüllen, Menschen jagen und »sich mit ihnen prügeln . . . und sie kratzen«. Selbst wenn sie die Zuschauer nicht angriffen, muß der Aufruhr, den die wilden Männer verursachten, beträchtlich gewesen sein. Sie rannten so schnell herbei, wie sie konnten, schossen verborgene Feuerwerkskörper ab und läuteten mit Glocken, die an ihre Kostüme aus Fell und Laub angenäht waren.

Romulus und Remus, die legendären Gründer Roms, werden von ihrer Pflegemutter, einer Wölfin, gesäugt. Sie waren ihrer Mutter (die angeblich von Mars verführt worden war) von einem eifersüchtigen Onkel weggenommen und ausgesetzt worden.

Diese französische Miniatur des späten 15. Jahrhunderts zeigt eine wilde Familie, die recht häuslich geworden ist. Zu dieser Zeit neigten die Menschen schon dazu, den wilden Mann eher als harmlos denn als dämonisch einzuschätzen.

zweiten Fotografie wirkt Elsies Hand anomal — ungewöhnlich groß und offenbar am Gelenk verrenkt. Obwohl die Mädchen weiterhin Feen sahen und behaupteten, daß die Schlucht von allen möglichen Wesen dieser Art wimmele, machten sie keine weiteren Aufnahmen.

Spielte in diesem Fall ein Element des Selbstbetrugs auf seiten der Erwachsenen eine Rolle? Kritiker bemängeln, daß Gardner als Erforscher des Übersinnlichen enge Verbindungen mit dem Thema hatte; Hodson habe fest an Feen geglaubt, Mrs. Wright sei Theosophin gewesen; und Conan Doyle sei trotz seines Ansehens als Logiker in seiner Verzweiflung nach dem Tod seines geliebten Sohnes Spiritist geworden. Glaubten sie alle vielleicht etwas zu bereitwillig an die Feen von Cottingley?

Gardner bestritt diese Vorhaltungen heftig und verwies auf ein Beweisstück, das ganz unerwartet ein Jahr nach Conan Doyles Artikel aufgetaucht war. Eine südafrikanische Freundin von Frances Griffiths legte einen Abzug der ersten Feenfotografie vor, den Frances ihr mit einem Brief im Jahre 1917 geschickt hatte. Das war mehrere Jahre, bevor Conan Doyle den Fall publik gemacht hatte, geschehen; außerdem läßt Frances das Thema nach einem einzigen oberflächlichen Satz fallen und konzentriert sich auf Klatsch über ihre Puppen, ihre Eltern und ein weiteres Foto von sich selbst. Dadurch wird Gardners Behauptung gestützt, daß es für Frances Griffiths nichts Besonderes war, Feen zu erblicken, und daß Frances, wie Elsie Wright ihm erzählt hatte, direkt in die Kamera geschaut hatte, weil sie weitaus interessierter an ihrem eigenen Foto als an den Feen war, die sie jeden Tag beobachten konnte. Gardner verteidigte auch das merkwürdige Aussehen von Elsies Hand, da sie außergewöhnlich lange Hände und Finger habe. Was die über alle Maßen typisch wirkenden Feen angeht, meinte Geoffrey Hodson, daß diese Wesen sich oft in der Gestalt materialisieren, die Bauern oder Kinder sich für sie ausgedacht haben, oder in irgendeiner Form, die sie besonders bewundern. »Überraschend wäre nur«, sagte er, »wenn sie anders aussähen.«

Laut Conan Doyle und Gardner gelang es den Mädchen nicht, nach 1920 noch mehr Fotografien zu machen, weil sie ihre kindliche Einfachheit an Unschuld verloren hätten. Außerdem — obwohl die Mädchen weiterhin gute, wenn auch in ihren Möglichkeiten beschränkte Hellseher waren — sei Frances' Ektoplasma für die Feen nicht mehr akzeptabel, so daß sie es nicht benutzten, um eine auf Fotografien erkennbare Gestalt anzunehmen. »Die Vorgänge der Pubertät sind oft fatal für psychische Kräfte«, schrieb Conan Doyle. Gardner meinte, da die seltene Kombination von Menschen und Umständen in Cottingley diese Fotografien hervorgebracht habe. Seitdem sind nur wenige Versuche, Feen zu fotografieren, erfolgreich gewesen. Keiner von ihnen läßt sich mit den Ergebnis vergleichen, die Elsie und Frances erzielten.

Heutzutage hat sich Cottingley mit einer Straße namens »Fairy Dell« (Feental) geschmückt, einer Erinnerung an eine Sensation des 20. Jahrhunderts und ein offenbar unerklärliches Phänomen. Denn trotz der überwältigenden Publizität, der die Wrights am Ende nicht entkommen konnten, hat nie jemand die Fotos der Feen überzeugend widerlegt. Wenn die Bilder Fälschungen waren, dann muß die Familie Wright — oder jemand anders — über ein fotografisches Genie verfügt haben, das jeden Experten täuschen konnte.

Und wenn die Fotografien echt waren? Könnte es vielleicht doch Feen geben? Man hört oft, daß die Bewohner moderner Städte die Eigenschaft der Klarsicht verloren haben, die ihnen solche Phänomene bewußt machen würde. Andererseits könnten die Landbewohner leichtgläubiger sein und Kinder eher dazu neigen zu fantasieren, vielleicht um die Aufmerksamkeit auf sich zu lenken. In einsamen Landgebieten wachsen die Menschen mit alten Feenlegenden auf, so wie die Kinder von Haiti auf den uralten Aberglauben des Voodoo eingestellt werden. Wenn irgendeine regionale Besonderheit betont wird, sprechen die Geschichten die Einheimischen stärker an. In Irland heben die Feengeschichten zum Beispiel einen so beliebten Zeitvertreib wie den Tanz zur Musik der Bläser hervor. In einer Erzählung taucht eine Dorfbewohnerin, die sieben Jahre lang bei den Feen gelebt hatte, ohne ihre Zehen wieder auf, da sie sie »abgetanzt hatte«. In vielen keltischen Gebieten konnte alles Unvertraute mit den Feen in Verbindung gebracht werden: Erdhügel waren Feenhügel oder -forts; ein Staubwirbel war ein Feenwind; ein plötzlicher übermäßiger Appetit wurde als Feenhunger bezeichnet; am Ende jedes Regenbogens war ein Vermögen in Feengold vergraben.

Es ist vernünftig anzunehmen, daß viele Augenzeugenberichte über Feen einfach auf Irrtümern beruhten. Eine Prozession, die auf der Spitze eines Feenhügels gesichtet wurde, konnte aus vorüberziehenden Fremden oder kleinen, zwergenhaften Menschen bestehen. Manchmal läßt sich rasch eine vollkommen logische Erklärung finden, wie im Falle der geheimnisvollen weißen Dame, die bei Nacht erschien — und sich als Schwan erwies.

Trotzdem besteht der Feenglaube weiter, wie D. A. MacManus, ein Experte für Feenkunde, hervorhebt. Er zitiert ein Beispiel aus dem 20. Jahrhundert, das den legendären Schwarzen Feenhund oder *Poulaphuca* betrifft — eine bedrohliche irische Fee, die häufig Tiergestalt annimmt. Der Schwarze Feenhund ist immer pechschwarz und schulterhoch, hat menschliche Augen und große gebleckte Zähne. Ein alter Mann erzählte MacManus, daß es aus Furcht vor dem großen schwarzen Hund, der dort spukte, niemand wagte, eine bestimmte Brücke allein nach Mitternacht zu überqueren. MacManus ging dieser Geschichte nach und fand viele Einheimische, die sie bestätigten. Ein Mann sagte, er sei einmal angehalten, um seinen Fahrradreifen aufzupumpen, und habe einen großen schwarzen Hund gesehen, der über eine Mauer gesprungen sei und ihn angestarrt habe. Er habe nicht daran gezweifelt, daß es sich um eine Fee handele, ein rasches Gebet ausgestoßen und sei so schnell davongefahren, wie sein immer noch platter Reifen es ihm gestattete.

Diese sofortige Einstufung des schwarzen Hundes als Fee zeigt, wie tief der Aberglauben geht. MacManus selbst verwirft den Gedanken, daß das Tier einfach ein großer, wilder, schwarzer Neufundländer gewesen sein könne, und entgegnet, daß solche Hunde im irischen Landgebiet häufig zu sehen waren und die Menschen ein gewöhnliches Tier sofort erkannt hätten.

Er bestreitet auch jede Verbindung mit der Tradition der Hexerei, nach der ein schwarzer Hund der dienstbare Geist einer Hexe ist. Doch dieses Element der schwarzen Magie kann sicher zum Teil die Furcht erklären, die der Schwarze Hund und viele andere Feen einflößen. Tatsächlich glauben manche Menschen, daß bestimmte Feen künstliche, durch schwarze Magie geschaffene Wesen sind.

Jedenfalls verfügten europäische Magier des 16. und 17. Jahrhunderts über Riten, um Feen oder Naturgeister zu beschwören. Geoffrey Hodson beschreibt eines dieser Geschöpfe, die Elementargeister genannt wurden, folgendermaßen: »Völlig schwarz und mit satanischen Gesichtszügen, ähnelt es dem orthodoxen Teufel mehr als alles, was ich je gesehen habe ... Es war ein elementarer Überlebender uralter magischer Riten. In jenen Tagen war es frei, ein böser Dämon in der Gestalt eines riesigen Vampirs. Es wurde von einer Gruppe von Priestern geschaffen und ausgenutzt ..., um ihre üblen Machenschaften auszuführen.«

Im Mittelalter, als fast jeder an Feen glaubte, betrachtete die Kirche sie als gefallene Engel, die von Gott verstoßen worden waren, aber seine Macht weiterhin in Frage stellten. Viele Geistliche des 16. und 17. Jahrhunderts verdammten die Feen ohne Umschweife als »Dämonen und Teufel aus der Hölle«. Es waren die Iren, die eine einfühlsamere und umfassendere Erklärung für die vielen Arten der kleinen Leute fanden. Ihre Theorie, die noch heute in Irland geläufig ist, lautete, daß die Feen zwar tatsächlich gefallene, doch bloß von Satan betrogene Engel seien; weder seien sie gut genug, um im Himmel zu bleiben, noch schlecht genug, um in die Hölle geschickt zu werden. Gott habe ihren Fall aufgehalten, so daß die schlimmsten von ihnen in Höhlen unter der Erde purzelten und zu Gnomen und Kobolden wurden; andere seien ins Wasser und in Wälder gefallen, um sich dort in winzige Feen und Naturgeister zu verwandeln; und noch andere seien in der Nähe menschlicher Behausungen gelandet und müßten sich auf ewig als Heinzelmännchen abrackern.

Manche weisen den Feen einen Platz zwischen Menschen und Engeln zu und nennen sie »vergeistigte Tiere«. Andere betrachten sie als eindeutig menschlich, führen aber die Vorstellung, daß sie Bewohner einer

Art Vorhölle seien, noch einen Schritt weiter. Sie kennzeichnen die Feen als die Seelen toter Menschen, die weder gut genug waren, um erlöst zu werden, noch schlecht genug, um verdammt zu werden, die ohne die nötigen religiösen Riten starben oder deren Leben vorzeitig beendet wurde. Mit dieser Idee wird oft begründet, weshalb Feen für Spiritisten so interessant sind. Mit anderen Worten, wir betreten das Reich der Geister.

Zweifellos wird in vielen irischen Geschichten überliefert, daß einige Feen zum »Heer der Toten« gehören. Doch an anderen Orten werden die Feen oft ausdrücklich als Geister beschrieben, besonders als solche von längst ausgestorbenen heidnischen Völkern. In ihrem Buch *The Fairies in Tradition and Literature* führt Katharine Briggs eine berühmte Geschichte an, in der ein unfreiwilliger Besucher des Feenreiches über seine Häscher sagt: »Sie haben wenig Verstand oder Gefühle; was ihnen an deren Stelle dient, ist bloß die Erinnerung an irgendwelche Freuden zu ihren Lebzeiten — vielleicht vor Tausenden von Jahren.«

Ernsthafte Erforscher des Feenglaubens haben die Vermutung geäußert, daß die Feen in Wirklichkeit eine Volkserinnerung an eine prähistorische Rasse kleiner Menschen darstellen, die einmal Teile von Frankreich bewohnten. Nachdem sie besiegt und gezwungen waren, sich zu verstecken, könnten sie in Höhlen und Bergen gewohnt und sich nur nachts hinausgewagt haben. Doch für ihre Bezwinger, die mit den örtlichen Göttern, Traditionen und magischen Riten nicht vertraut waren, würden diese kleinen Menschen weiterhin als mächtige Bedrohung erschienen sein. Ihre Lage würde sie außerdem zu geschickten Dieben gerade dessen machen, auf das sich die Feen konzentrieren sollen: Getreide, Milch und andere Nahrungsmittel, Rinder und sogar Bräute. Möglicherweise boten einige der neuen Siedlern an, für Speise und Kleidung für sie zu arbeiten — woher die Geschichten von hilfsbereiten, aber merkwürdig aussehenden Heinzelmännchen stammen könnten.

Andere verfolgen die Ursprünge des Feenglaubens noch weiter zurück: bis zu den Göttern und Geistern, die in Urzeiten verehrt wurden. Die alten Geister von Flüssen und Hainen sind fast unzweifelhaft die direkten Vorfahren der als Naturgeister angesehenen Feen. Menschen, die unter ihren eigenen Häusern begraben wurden, könnten zu Schutzfeen geworden sein, die sich um ihre eigenen Familien kümmern. Katharine Briggs vermutet, daß die typische winzige Gestalt vieler Feen mit der primitiven Vorstellung von der Seele als kleinem Wesen zu tun hat, das während des Schlafes aus dem Mund des Menschen kriecht und für seine Träume verantwortlich ist.

Das Wort »Fee« selbst soll abgeleitet sein von dem lateinischen *fata* — das sind die Parzen oder Schicksalsgöttinnen. Man glaubte, daß sie so über die Wiegen von Neugeborenen wachen wie die Feen bei der Taufe Schneewittchens. Nymphen und andere geringere Götter der Mythologie haben sich zu Feen entwickelt, und viele sehen die schönen Dana o'Shee als die verlorenen Götter Irlands an. Der irische Dichter W. B. Yeats, der sich maßgeblich über die Feentradition geäußert hat, nannte die Feen »die Götter der Erde«. Er betrachtete sie als unsterblich und zitierte genußvoll eine alte Frau, die ihm erzählt hatte, daß sie weder an die Hölle, »eine Erfindung, die sich der Priester ausgedacht hat«, noch an Gespenster glaube, »denen es nicht erlaubt sein sollte, sich auf der Erde herumzutreiben, wie es ihnen gefällt«; dafür glaubte sie an »Feen und kleine Elfen und Wasserpferde und gefallene Engel«.

Viele Dichter und okkultistische Schriftsteller jeder Epoche und jedes Landes haben erklärt, daß sich hinter der sichtbaren Welt unendliche Reihen von unsichtbaren bewußten Wesen befinden, die »nicht zum Himmel, sondern zur Erde gehören, die keine angeborene Gestalt haben, sondern sich je nach ihrer eigenen Laune oder der Fantasie dessen, der sie sieht, verändern«. Nach Goeffrey Hodson »sieht der Okkultist nirgends ›tote Substanz‹ — jeder Stein ist von Leben durchdrungen, jedem Juwel ist ein noch so kleines Bewußtsein zugeordnet. Das Gras und die Bäume beben unter der Berührung winziger Arbeiter, deren magnetischer Körper als Nährboden dienen, auf dem die Wunder des Wachstums und der Farbe möglich werden«.

Hodson und andere moderne Feengläubige wie Edward Gardner und Lord Dowding betrachten fast alle Feen als Naturgeister, deren spezifische Funktion darin besteht, Pflanzen zu befruchten und für ihr Wachstum und ihre Blüte zu sorgen. Hodson behauptet, wachsende Blumenzwiebeln gesehen zu haben, die von submikroskopischen Feengeschöpfen, beschäftigt mit der ihnen zugewiesenen Aufgabe, wimmelten. Er meint, daß die mächtigeren Naturgeister diese bescheidenen Arbeiter mit der nötigen Energie ausstatten und wie Regisseure dafür sorgen, daß sie dem umfassenden Plan der Natur gehorchen.

Skeptischere Betrachter würden sagen, daß Feen nur ein Aspekt unseres eigenen Unbewußten sind — Symbole unterdrückter Begierden und Ängste. Sie würden auf die Universalität gewisser Themen der Feenkunde hinweisen: den ohnmächtigen Menschen, der mit eintausend Seilen aus Spinnengewebe von einem Feenregiment gefesselt wird, oder die schöne Braut, die der behaarte und häßliche Feenmann entführt.

Die Erklärungen für den seltsam hartnäckigen Glauben an Feen sind fast so verschiedenartig wie die Feen selbst. Alle von ihnen enthalten wahrscheinlich ein Körnchen Wahrheit. Aber sogar wenn 99 Prozent der verzeichneten Beobachtungen von Feen erklärt werden können, bleibt unklar, was wir von den letzten Prozent halten sollen. Sollen wir wie Conan Doyle daran glauben, daß eine ganze Klasse neuer Wesen unseren Planeten bewohnt — nur einen Lidschlag von uns entfernt? Oder hat die Salbe der Zivilisation uns für immer für die Träume und Alpträume des Feenreiches blind gemacht?

Die Schwarzelfen der alten skandinavischen Mythologie waren ein bösartiges und finsteres Volk, das in tiefen Höhlen lebte und immer danach trachtete, Übles anzurichten. Sie waren jedoch zu unglaublich feinen Handwerksarbeiten fähig, und obwohl sie als dämonische Geschöpfe galten, baten die Götter sie gelegentlich, Gegenstände für sie herzustellen. Sie fertigten Thors Hammer an, der zu seinem Besitzer zurückkehrte, nachdem er geschleudert worden war.

Ein Wappen, das den wilden Mann einschließt. Einige frühe Wappen mit wilden Männern stellten stereotype Erinnerungen an heidnische Zeremonien dar, mit denen der betreffende Ort in Verbindung gebracht wurde. Später wurde der wilde Mann einfach eines von vielen Wappentieren, die wie das Einhorn, der Löwe, der Greif und andere wilde Geschöpfe Beschützer des Familienschildes waren.

Deutsche Faschingsmaske. Diese Masken, die im allgemeinen so fürchterlich wie möglich aussehen sollten, waren ein fester Bestandteil des Kostüms.

Dieser blutrünstige japanische Druck gibt eine Folterungsszene wieder, bei der die unnatürliche Ruhe der Peinigerin ihre Taten um so furchtbarer macht.

Jack the Giant Killer (Jack der Riesentöter) hat den schrecklichen Riesen in einer Grube gefangen und tötet ihn mit einer Pike.

DIE WILDEN MÄNNER DES WALDES

»Plötzlich kam ein ausgewachsener Wolf aus einem der Löcher ...
Diesem Tier folgte ein weiteres von derselben Größe und Art. Danach
kamen ein drittes und hintereinander zwei Wolfsjunge ...

Dicht hinter den Jungen erschien der Geist (in diesem Fall ein häßliches Wesen der indischen Folklore), der Hände, Füße und einen Körper wie ein Mensch hatte. Doch der Kopf war eine große Kugel aus
irgendeinem Stoff, der die Schultern und den oberen Teil des Brustka-
stens verdeckte und nur den scharfen Umriß des Gesichts, das menschlich war, sichtbar werden ließ. Gleich nach ihm kam noch ein schreckliches Geschöpf, das dem ersten glich, aber kleiner war. Ihre Augen waren
hell und bohrend und nicht wie menschliche Augen.«

Dieses Zitat stammt aus dem Tagebuch von Reverend J.A.L. Singh,
einem Missionar in Bengalen zu Beginn dieses Jahrhunderts. Es beschreibt die Entdeckung von zwei wilden Kindern — kleinen Mädchen,
die in der Wildnis von Wölfen aufgezogen worden waren. Obwohl sie
in Wirklichkeit äußerst selten vorkommen, sind Kinder, die unter Tieren aufwachsen, ein recht häufiges Thema der Mythologie und Volks-
literatur.

In Rudyard Kiplings *Dschungelbuch* wird diese Idee in der Geschichte
von Mowgli fantasievoll ausgemalt. Als Kind wird Mowgli, der Sohn
eines Holzfällers, fast von einem Tiger getötet, bevor ihn eine Wolfs-
familie rettet. Mutter Wolf entwickelt sofort einen heftigen Schutzin-
stinkt für das »Menschenjunge« und überredet das Rudel, das sich durch
ein hohes Maß sozialer Organisation auszeichnet, dazu, ihn bei sich zu
behalten. Während er aufwächst, wird Mowgli mit dem Leben des
Dschungels vertraut und empfindet wie die Tiere deutlich »jedes Ra-
scheln im Gras, jeden Hauch der warmen Nachtluft, jeden Ton der
Eulen über seinem Kopf ...« Scheinbar ist seine Beziehung zum Rudel
harmonisch, doch insgeheim spüren die jungen Wölfe seine Überlegen-
heit und nehmen sie übel. Schließlich ist er gezwungen, sie zu verlassen
und zu seiner menschlichen Familie zurückzukehren. Doch er verspricht
Vater und Mutter Wolf, sie eines Tages zu besuchen. »›Komm bald‹,
sagte Mutter Wolf, ›mein kleiner nackter Sohn. Denn höre, Menschen-
kind, ich liebte dich mehr als meine eigenen Jungen.‹«

Unsere zwiespältige Haltung gegenüber dem Wolf — teils Furcht,
teils Bewunderung — kommt auch in der Legende von Romulus und
Remus zum Ausdruck, den Zwillingen, die angeblich die Stadt Rom
gründeten. Ihre Mutter, die Prinzessin Rhea Silvia, war auf Befehl

ihres Onkels, der den Thron ihres Vaters in Alba Longa usurpiert hatte, zu einer vestalischen Jungfrau gemacht worden. Sie gab an, daß der Gott Mars der Vater der Kinder sei, doch diese vornehme übernatürliche Elternschaft nützte ihnen zunächst wenig. Der König, der sich vor ihrem Anspruch auf den Thron fürchtete, ließ sie in den Tiber werfen. Sie wurden von einer Wölfin — einem Tier, das Mars heilig war — gerettet und gesäugt und später von einem Hirten und seiner Frau umsorgt. Als sie erwachsen waren, töteten die Zwillinge den Usurpator, gaben ihrem Großvater den Thron zurück und gründeten die Stadt Rom.

Obwohl die Legenden besagen, daß der Name der Stadt von den Namen der Brüder abgeleitet wurde, steht nahezu fest, daß es in Wahrheit genau umgekehrt war: Romulus und Remus wurden später in der Geschichte Roms erfunden, um der großen Stadt einen angemessen malerischen und geheimnisvollen Ursprung zu verschaffen. Geschichten von Kindern, die in der Wildnis aufwuchsen, sind in griechischen Sagen ziemlich häufig, und die Römer, die mit der griechischen Literatur vertraut waren, mögen dieses Motiv für ihre Zwecke abgewandelt haben. Die Rolle des Gottes Mars — sowohl als angeblicher Vater der Zwillinge wie als Schutzpatron der Wölfe — ist offensichtlich ein Versuch, eine Beziehung zwischen Rom und dem Gott des Krieges herzustellen.

Diese Geschichten sind zwar interessant, doch Mowgli, Romulus und Remus bleiben letzten Endes menschliche Wesen, die sich der menschlichen Gesellschaft anpassen können, wenn es nötig ist. Ihre Wildheit ist künstlich aufgepropft. Noch faszinierender ist es, sich ein Geschöpf vorzustellen, das menschlich und doch nicht menschlich ist, als ständige Bedrohung für die Gemeinschaft in der Wildnis lebt, über die niedrigeren, aggressiven Instinkte des Menschen und die Kraft eines Tieres verfügt — kurz gesagt, ein Geschöpf, das viel mit dem Neanderthaler gemein hat.

Heute wissen wir, daß primitivere Vorformen verschiedene Teile der Erde bewohnten, bevor der Mensch in seiner gegenwärtigen Gestalt auf der Bildfläche erschien. In manchen Gebieten könnten zwei Spezies zur gleichen Zeit für Tausende von Jahren existiert haben, vielleicht im Zustand immer wieder aufflammender Konflikte, bis eine von ihnen ausstarb. Obwohl wir keine Beweise dafür haben, ist es zum Beispiel möglich, daß der Neanderthaler, der Zentral- und Südosteuropa bis vor 32 000 oder 35 000 Jahren bewohnte, dem Crô-Magnon-Menschen, unserem Ahnen, der vor etwa 28 000 bis 32 000 Jahren auftauchte, bekannt war. Wenn der Neanderthaler noch nicht ausgestorben war und unsere Vorfahren ihn kannten, ist denkbar, daß wahre Geschichten über einen Menschen, der doch nicht ganz Mensch war, in der Volkserinnerung überlebten, nachdem dieser Typus schon lange verschwunden war. Solche Überschneidungen von Spezies, die ähnliche Geschichten hervorbrachten, können sich auch in anderen Teilen der Welt abgespielt haben.

Es mag weithergeholt klingen zu behaupten, daß eine Spezies, die seit Tausenden von Jahren nicht mehr gesehen wurde, noch heute als bedrohlich in der menschlichen Erinnerung fortlebt, doch Ängste und Aberglauben haben tiefe psychologische Ursachen und sind komplexer, als man gewöhnlich annimmt.

Natürlich war es keine *bewußte* Kenntnis der Evolution, welche die Legende vom wilden Mann am Leben erhielt. Die Menschen, die in der Vergangenheit daran glaubten, wußten wie die meisten derjenigen, die heute an sie glauben, wenig oder nichts über den Neanderthaler und seine Stellung in der Evolutionstheorie. Die Europäer des Mittelalters nahmen an, daß der Mensch immer so ausgesehen habe wie sie; das wurde durch Geschichten und Bilder von Adam und Eva bewiesen. Wenn ihr Glaube an einen wilden Mann aus einer prähistorischen Quelle stammte, so war diese Quelle schon längst vergessen worden. Vielleicht war die *unbewußte* Erinnerung an das prähistorische Leben und seine Gefahren irgendwie von einer Generation auf die andere übertragen worden — in dem, was der Psychologe Carl Jung das »kollektive Unbewußte« nannte. Die Bereitschaft, an den wilden Mann zu glauben, wäre dann in jedem verborgen, und man brauchte nur gewisse Voraussetzungen, um die Legende aufrechtzuerhalten. Diese Voraussetzungen sind mit dem Bestehen einer Mythologie, wissenschaftlicher Ignoranz und gelgentlichen Ereignissen, die den Mythos zu unterstützen scheinen, gegeben.

Das bekannteste moderne Beispiel für die Legende vom wilden Mann liefert der Schneemensch oder Yeti des Himalaja, von dessen Existenz sowohl Einheimische als auch ausländische Erforscher des Gebietes hartnäckig überzeugt sind. Niemandem gelingt es je, einen Yeti zu fangen oder auch nur zu fotografieren, obwohl Aufnahmen von angeblichen Yeti-Fußspuren vorliegen. Doch viele Menschen behaupten, einen Yeti gesehen zu haben. Ihre Beschreibungen gehen weit auseinander — von eineinhalb Meter großen Vegetariern bis zu fünf Meter großen Fleischfressern. Dem Yeti wird oft sagenhafte Stärke zugeschrieben; er soll Bäume ausreißen und Felsbrocken wie Kieselsteine umherwerfen können.

Nordamerika hat eine eigene Version des Yeti, der in Kanada Sasquatsch und in den Vereinigten Staaten Bigfoot genannt wird. Der Bigfoot ist den Indianern seit langem bekannt, wird aber auch von Nicht-Indianern gefürchtet. Selbst heute noch wird ein Unfall oder Mord in einem einsamen Gebirgsteil des Kontinents immer wieder einmal diesem schrecklichen Geschöpf zur Last gelegt. Die Beschreibungen stimmen im allgemeinen darin überein, daß es etwa zweieinhalb Meter groß ist und, wie der Name besagt, riesige Füße besitzt. Das Tier, dem es am stärksten ähnelt, ist der Affe — der jedoch in Nordamerika keine natürliche Heimat hat.

Wenn wir trotz unserer heutigen Kenntnis der Naturgeschichte Erzählungen von halbmenschlichen Wesen, die durch die Wälder streifen, glauben oder jedenfalls nicht völlig ablehnen können, überrascht es nicht, daß die Menschen des Mittelalters, die von Zoologie wenig wußten, keine Zweifel an der Existenz des wilden Mannes hatten. Sogar noch lange nach dem Ende des Mittelalters nahm der schwedische Botaniker Linné den *homo ferus* (wilder Mann) in sein 1735 veröffentlichtes *System der Natur* auf. Linné beschrieb diese eindeutig menschliche Spezies als »vierfüßig, stumm und behaart« und führte verschiedene Fälle wilder Kinder als Beweismaterial an. Eine lebhafte Schilderung der alpinen Subspezies des europäischen wilden Mannes erscheint in Richard Bernheimers Buch *Wild Men in the Middle Ages.*

»Er ist riesig, behaart und stumm ... und kann so groß werden, daß seine Beine allein den Umfang von Bäumen haben. Wenn er gereizt wird, ist seine Wut fürchterlich, und sein erster Impuls besteht darin, Eindringlinge in Stücke zu reißen. Wenn er dazu getrieben wird, Rache zu nehmen, kann er Seen verschwinden und Städte im Boden versinken lassen. Er entführt Frauen und verschlingt Menschen, am liebsten ungetaufte Kinder, und tauscht — nach einem Glauben, der im italienischen Tirol und in Graubünden in der Schweiz vertreten wird — seine eigenen wertlosen Nachkommen gewohnheitsmäßig gegen menschliche Kinder aus.«

Bis auf kleine, isolierte Gemeinden in und um die Schweiz ist der Glaube an dieses schreckliche Geschöpf in Europa nahezu verschwunden. Während des Mittelalters blühte der Mythos des wilden Mannes jedoch in verschiedenen Formen auf dem größten Teil des Kontinents und der Britischen Inseln. Sein Bild und auch das seiner Gefährtin und seiner Abkömmlinge tauchte auf Wandteppichen, Porzellan, Kupferstichen, Holzstichen und gemeißelten Steinarbeiten auf. Das Hauptportal der Kirche von San Gregorio in Valladolid in Spanien, die im späten 15. Jahrhundert gebaut wurde, ist mit Statuen behaarter Männer statt mit den erwarteten Heiligenfiguren geschmückt. Auf den ersten Blick scheint es sich um eine erstaunliche Verherrlichung eines mythischen Wesens durch die Kirche zu handeln. Doch das Portal als Ganzes ist eine heraldische Darstellung von König Ferdinand und Königin Isabella, deren Wappen über den Eingang gemeißelt ist. Zu ihrer Zeit wurde der wilde Mann häufig als Beschützer oder Anhänger eines Familienwappens — und damit als Verteidiger der Familienehre — dargestellt. Wie andere Tiere, die als Verteidiger eines Wappens gezeigt werden, zum Beispiel der Löwe, das Einhorn und der Greif, symbolisierte der wilde Mann Kraft. Außerdem repräsentierte er Fruchtbarkeit.

Es ist nicht ohne Ironie, daß der wilde Mann schließlich als symbolischer Verteidiger des Monarchen und des Glaubens zu Ansehen gelangen sollte, denn während des größten Teils seiner Geschichte war er

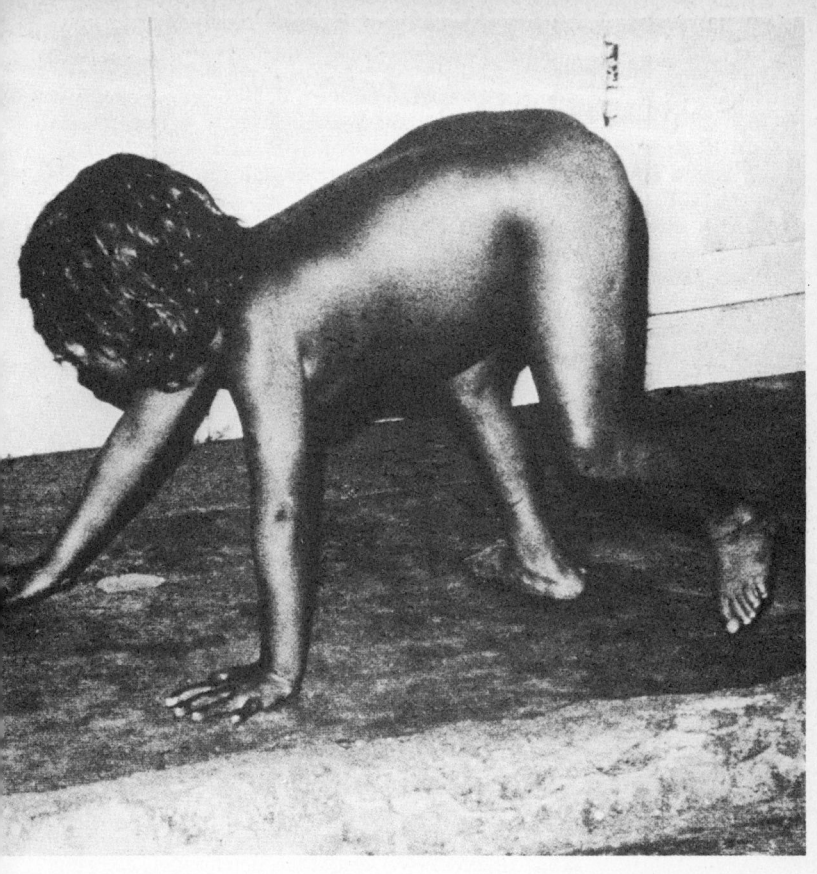

Ein Junge, der im Jahre 1973 im Dschungel von Ceylon gefunden wurde, nachdem ihn wohl eine Affenfamilie adoptiert hatte. Als man ihn fand, war er etwa zehn Jahre alt. Er konnte schnell auf allen vieren laufen, aber weder sprechen noch aufrecht stehen.

von der Kirche im besten Fall als unglückseliges, religiös blindes Wesen betrachtet worden, das zu einer Art Vorhölle auf Erden verurteilt ist, und im schlechtesten Falle als Dämon. Er scheint ein Relikt des heidnischen Glaubens an Waldgötter und -dämonen zu sein. Der griechische Waldgott Silenos wurde als behaart beschrieben und sollte übermenschliche Kraft gehabt haben. Römische Schriftsteller, darunter auch Virgil und Juvenal erwähnen eine Rasse primitiver Menschen, die aus Baumstämmen hervorgingen. Der römische Historiker Plinius schreibt etwas glaubhafter, daß es in Indien eine Rasse wilder halbmenschlicher Geschöpfe mit behaarten Körpern, gelbe Augen und spitzen Zähnen gegeben habe. Diese Information mag er aus Schriften über den Indienfeldzug Alexanders des Großen bezogen haben. Wahrscheinlich gründete sich dieser Mythos auf eine große Affenart wie den östlichen Gibbon. Affen sind zwar unfähig, im menschlichen Sinne des Wortes zu sprechen, verfügen aber doch über viele menschliche Kennzeichen. Es ist nicht schwer, sich vorzustellen, wie Berichte über große Affen zu Geschichten von wilden Männern wurden, während sie von einem Erzähler an den anderen weitergegeben wurden.

Der Mythos des behaarten wilden Mannes wurde durch die Bibel bekräftigt, die im Buch Jesaja eine Prophezeiung künftiger Verheerungen in Palästina enthält. Dort steht, daß »die Behaarten dort tanzen werden«. Das hebräische Wort *se'erim* soll eine Art behaartes Monstrum bezeichnet haben, das in wilden Wüstengebieten lebte. Der englische Übersetzer, der heilige Hieronymus, war der Meinung, daß diese »Behaarten« möglicherweise *incubi* — das heißt böse Geister, die schlafende Frauen überfallen und vergewaltigen — oder Satyre waren, die ähnlichen Gewohnheiten haben, jedoch wachende Frauen angreifen. Wie dem auch sei, die Existenz des behaarten wilden Mannes und die Auffassung, daß er ein wollüstiges, unmoralisches Geschöpf sei, waren schon früh in der christlichen Ära recht fest verankert.

Die Tatsache, daß nie jemand eines dieser Wesen wirklich zu Gesicht bekam, führte natürlich zu allerlei verschiedenen Beschreibungen. Manche wilde Männer wurden als Riesen dargestellt, die Baumstämme schwingen und den über die Schulter geworfenen Kadaver eines Löwen tragen konnte. Andere werden als Zwerge geschildert. Oft scheinen sie auch menschliche Größe zu haben.

Auch nicht alle wilden Männer waren behaart. Besonders in England waren die wilden Männer belaubt und mit Moos und Efeu bedeckt. Eine humoristische Zeichnung des 15. Jahrhunderts zeigt zwei miteinander kämpfende wilde Männer, die von einer Mischung aus Fell und pergamentartigen Blättern überzogen sind. Es gibt sogar eine gefiederte Spezies.

Der wilde Mann war ein vertrauter Bestandteil vieler mittelalterlicher Festlichkeiten, und auch heute noch tänzelt er in manchen Gebieten

Mowgli, der Held von Rudyard Kiplings *Das Dschungelbuch* kehrte in die menschliche Gesellschaft zurück, nachdem er von einem treuen Wolf aufgezogen worden war. Hier erhält er vom Grauen Bruder eine Nachricht über seine frühere wilde Familie.

Tarzan in der Wildnis von Hollywood: Johnny Weissmüller mit Maureen O'Sullivan als seiner Frau Jane. Weissmüller war Sportler und entsprach dem Bild des Dschungelhelden, den er öfter als jeder andere Schauspieler darstellte.

Ein Bild aus einer der illustrierten Ausgaben des *Buches von Marco Polo*. Es zeigt wilde Männer in Asien — einige in grotesker Gestalt. Polo hörte bei seinen ausgedehnten Reisen in China und Indien von ihnen. (Bodleian Library, MS Bodley 264, fol. 260).

Der Kupferstich eines im 17. Jahrhundert in Java entdeckten wilden Mannes.

Europas durch Dreikönigsabend- und Faschingsfeiern. Die Bewohner von Oberstdorf vollführen einen Tanz der wilden Männer, bei dem sie Kostüme aus Heu und Flechten und grimmige Holzmasken tragen. Pelzbekleidete wilde Männer tanzen bei Karnevalfeiern in den Balkanländern und in Marokko. Sie werden gewöhnlich von anderen Gestalten begleitet, die Tiere darstellen; eine von ihnen trägt eine weibliche Maske und gibt die Braut des wilden Mannes ab.

Einigen dieser Tänze und Spiele, die immer noch aufgeführt werden, können wir entnehmen, wie die Menschen des Mittelalters dieses nie zu beobachtende, aber mächtige Wesen einschätzten. Eine der üblichen Handlungen eines solchen Spieles — das noch auf dem Balkan aufgeführt wird — beschreibt die Jagd nach dem wilden Mann, seine Gefangennahme und Tötung und oft seine Wiederauferstehung. Die Geschichte von der Gefangennahme des wilden Mannes scheint im Mittelalter sehr populär gewesen zu sein. Gewöhnlich begann das Spiel damit, daß das Geschöpf zum Vergnügen und Erschrecken der Zuschauer tobte und grunzte. Schließlich holte ihn eine Gruppe von Dorfbewohnern ein und tötete ihn entweder auf der Stelle oder führte ihn in Ketten davon, um ihn vor irgendein Gericht zu stellen. In einigen dieser Stücke, gewöhnlich in jenen, die im Spätfrühling oder Frühsommer gezeigt werden, wird der wilde Mann wiedererweckt, wodurch offenbar seine Bedeutung als Symbol der Fruchtbarkeit und der Erneuerung des Lebens unterstrichen werden soll. In Fastnachtspielen bleibt er gewöhnlich tot — möglicherweise weil er in diesem Zusammenhang die Faschingszeit selbst repräsentiert, die mit dem Beginn der Fastenzeit endet. Die Tötung des wilden Mannes stellt, mit anderen Worten, die Unterdrückung der Lust dar.

Der wilde Mann trat ebenfalls in einer ausgelassenen Lustbarkeit namens *charivari* auf, die in Frankreich im späten Mittelalter populär war. Es handelte sich um eine Art Prügelei, die mit einem Tanz kombiniert war und bei der Eheschließung einer unbeliebten Persönlichkeit durchgeführt wurde. Einige der Teilnehmer an diesem bösartigen Spektakel trugen Tierfelle, während andere nackt umhersprangen. Da ihre Identität hinter verschiedenen bizarren Masken verborgen war, konnten die Tänzer ihren primitiven Instinkten freien Lauf lassen. Diese *charivaris* wurden gelegentlich auch bei Hofe vorgeführt, und in mindestens zwei Fällen gehörte König Karl VI. zu den Teilnehmern.

In anderen Spielen war der wilde Mann der Führer der Wilden Jagd oder Wilden Horde. Diese Bande von Dämonen, die mit ihren Hunden in dunklen Nächten durch den Himmel ritt, bot ein fürchterliches Schauspiel. Die Legende von der Wilden Horde ist eine der in Europa am weitesten verbreiteten. Der ursprüngliche Führer der Wilden Horde soll der germanische Gott Wotan gewesen sein, doch als die Legende ausgemalt wurde, übernahm der wilde Mann manchmal diese Rolle.

Um die Dinge noch weiter zu komplizieren, gab es auch eine weibliche

Version der Wilden Horde, die von einer Göttin, zum Beispiel Diana, geführt wurde und eine große Zahl weiblicher Dämonen einschloß.

Die Identität dieser weiblichen Dämonen der Wilden Horde wurde im Laufe der Zeit mit jener der wilden Frau verwechselt — die nicht nur die Gefährtin des wilden Mannes ist, sondern ein eigenständiges Wesen, das in Gebieten auftritt, in denen der Mann der Spezies unbekannt ist. Sie variiert beträchtlich nach Größe und Erscheinung; wie im Falle des wilden Mannes gehört die Alpenversion, Faengge genannt, zu den fürchterlichsten. Richard Bernheimer beschreibt sie als »riesige Menschenfresserin von großer Kraft und entsetzlicher Häßlichkeit. Sie ist am ganzen Körper mit Borsten bedeckt, und ihr Mund bildet eine Grimasse von einem Ohr zum anderen. Ihr schwarzes, ungepflegtes Haar ist von Flechten durchsetzt, und einem Bericht aus der Schweiz zufolge hat sie Brüste, die so lang sind, daß sie sie über die Schultern werfen kann (ein Kennzeichen, daß sie mit dem weiblichen Yeti teilt). Sie neigt dazu, menschliche Kinder zu fressen.«

Obwohl die meisten wilden Frauen so häßlich sein sollen, haben sie doch die Macht, Männer zu bezaubern. Allerdings verwandeln sie sich, wenn nötig, zuerst in schöne junge Frauen. Sie scheinen auch die Schlacht zu lieben und kämpfen manchmal mit dem wilden Mann um die Führerschaft der Wilden Horde.

Die Gobelins und Holzschnitzereien des späten Mittelalters zeigen die wilde Frau jedoch oft in sanfterer Stimmung und in geselligem Beisammensein mit dem wilden Mann an einem lieblichen Zufluchtsort im Walde. »Ihre Erscheinung«, sagte Bernheimer, »ist, wenn man von ihrer Zottigkeit absieht, eindeutig menschlich und sogar in Maßen attraktiv. Ihr Verhalten entspricht gewöhnlich dem einer treuen Hausfrau, die unter den primitiven Bedingungen eines Campingurlaubs tüchtig ihren Pflichten nachgeht.«

Diese naiven und charmanten Darstellungen des wilden Mannes und seines Haushaltes zeigen, daß sich die Einstellung der Menschen ihm gegenüber gewandelt hatte — zumindest in gebildeteren Kreisen. Er war nicht mehr das dämonische Wesen, das von den Bauern gefürchtet wurde, sondern eine recht harmlose, wenn nicht gar lächerliche Figur.

Bis zum Ende des Mittelalters hatte sich eine andere Haltung gegenüber dem wilden Mann eingestellt: die der Bewunderung und des Neides. Für manche Schriftsteller, besonders für den Deutschen Hans Sachs, stellte der wilde Mann eine gesunde Alternative zur Künstlichkeit und Verdorbenheit, zum Hader und zur Grausamkeit der Gesellschaft dar. Sachs' Gedicht »Klag der wilden Holzleut über die ungetreuen Welt« enthält einen detaillierten Katalog der Sünden der Welt, wonach der wilde Mann das einfache Leben preist, das er und seine Gefährtin im Wald führen:

Eine Radierung des Jahres 1516 von Albrecht Dürer stellt die Entführung der Prosepina dar und zeigt Pluto als wilden Mann. Er trägt die widerstrebende Frau auf einem Einhorn fort. Außer von Jungfrauen konnte das Einhorn — nach dem Glauben des 15. Jahrhunderts — nur von wilden Männern besiegt werden, die das Fabelwesen durch Gewalt und nicht durch Liebe überwältigten.

»... wir der wilden Frücht uns nährn,
von den Würzlein der Erde zehrn
und trinken einen lautern Brunnen —
Uns tut erwärmen der licht Sunnen.
Mies, Laub und Gras ist unser Gewand.
Davon wir auch Bett und Deck hant ...
Unser Gesellschaft und Jubiliern
ist im Holz mit den wilden Tiern.
So wir denselben nichts nit tan,
lassen s' uns auch mit Frieden gahn ...
Einig und brüderlich wir lebn,
kein Zank ist sich bei uns begebn.
Ein jedes tut, als es dann wollt,
als ihm von jem geschehen sollt.«

Dieses Motiv des edlen Wilden war nicht neu. Es war in griechischen und römischen Schriften populär gewesen und sollte im späten 18. Jahrhundert wieder an die Oberfläche dringen. Von ihrer Gültigkeit oder Ungültigkeit abgesehen, ist diese Idee ernsthaft wohl nie sehr weit verbreitet gewesen. Die meisten Menschen zur Zeit von Hans Sachs — oder zu jeder anderen Zeit — waren zu stark mit der Gesellschaft verbunden, um aufrichtig über die Vorteile eines Lebens in der Wildnis nachzudenken. Es kann jedoch sein, daß die Legende des wilden Mannes irgendein unbewußtes Bedürfnis, an solch eine Möglichkeit zu glauben, befriedigte. Sogar die fürchterliche, bestialische Version des wilden Mannes könnte einem psychologischen Zweck gedient haben, indem sie jene Aspekte der menschlichen Natur offenlegte, welche die Gesellschaft und die Religion zu unterdrücken suchten.

In den Geschichten von höfischer Liebe wird zweifellos deutlich, daß der wilde Mann unser zweites Ich verkörperte. Bei der Aristokratie wurden Ehe und romantische Liebe getrennt. Eine Dame konnte verheiratet sein und trotzdem einen platonischen Liebhaber besitzen, dessen Verhalten ihr gegenüber durch äußersten Respekt, wenn nicht sogar Verehrung, gekennzeichnet war. Er vollbrachte mutige Tagen, um ihr Lob zu gewinnen, bot ihr Lieder und Gedichte an, wagte aber nie, sich ihr sexuell zu nähern.

Offensichtlich muß es für beide Teile anstrengend gewesen sein, eine so künstliche und idealisierte Beziehung aufrechtzuerhalten. Der innerliche Kampf zwischen dem höfischen Ideal und der natürlichen Neigung drückte sich in zahllosen Geschichten und Bildern aus, in denen der Ritter um der Dame willen den wilden Mann überwältigt. Häufig wird die Dame von dem wilden Mann entführt und zu seiner Höhle gebracht. Der Ritter erscheint gerade rechtzeitig und tötet den wilden Mann nach einem Zweikampf.

Eine Variation des Themas zeigt die Dame, die selbst das Geschöpf überwältigt. Der wilde Mann nähert sich der Dame mit seiner gewohnten Brutalität, wird jedoch von ihr gefangengenommen, das heißt gezähmt und zivilisiert durch die Macht ihrer Liebe. Dieses Motiv ist offensichtlich sowohl als Tribut an die Dame wie als Beschwörung des Freiers gedacht, daß sie seine ehrenhaften Absichten erkennen und ihm ihre Liebe gewähren möge, um ihn dadurch zu einem besseren Menschen zu machen.

Häufig gab der hoffnungsvolle Liebhaber vor, wild — das heißt zeitweilig verrückt — geworden zu sein, bis die Dame ihm zulächelte. »Je bedeutender der Krieger, der auf diese Weise in Betrübnis verfällt«, schreibt Bernheimer, »desto größer ist stillschweigend das Prestige der Dame, die seine Trauer verursacht hat. Tatsächlich fielen einige der berühmtesten Ritter der Romanzen — Iwein, Lancelot und Tristan — dieser seltsamen Berufskrankheit der fahrenden Ritterschaft zum Opfer.«

Diese Idee der vorgetäuschten Verrücktheit bringt uns auf einen der faktischen Gründe für den Mythos des wilden Mannes, den Irrsinn nämlich. Das Buch Daniel teilt uns mit, daß König Nebukadnezar »von den Menschen fortgetrieben wurde und sich von Gras nährte wie die Ochsen, und daß sein Körper vom Tau des Himmels feucht war, bis seine Haare wie Adlerfedern und seine Nägel wie Vogelkrallen gewachsen waren«. Im Mittelalter war es Brauch, manche Irren freizulassen; einige von ihnen machten sich auf, um in den Wäldern zu leben. Es ist leicht einzusehen, daß ein Geistesschwacher, vielleicht gewalttätiger Ausgestoßener, der ein primitives Dasein im Walde fristete, die Legende des wilden Mannes fortsetzen konnte.

Der Zauberer Merlin, der uns am besten als Ratgeber König Arthurs bekannt ist, besaß eine zweite Identität als Irrsinniger. »Vita Merlini« (»Das Leben Merlins«), ein Epos des 12. Jahrhunderts von Geoffrey of Monmouth, beschreibt, wie Merlin der zum erstenmal durch den Tod seiner Brüder in der Schlacht den Verstand verlor, von Zeit zu Zeit irrsinnig wird und in die Wälder zurückkehrt, wo er zum »Waldmenschen«, das heißt zum wilden Mann, wird.

Für das Mittelalter hatte der wilde Mann also viele Bedeutungen. Er konnte ein echtes Ungeheuer sein, ein unglücklicher Irrer, ein Dämon, ein Symbol der physischen Liebe, eine Verkörperung des reinen und einfachen Lebens oder bloß eine Verzierung eines Wappens. Auf diese oder jene Weise muß er ein Bedürfnis gestillt haben, denn er gedieh über mehrere hundert Jahre hinweg. In manchen Teilen der Welt existiert er auch heute noch — zwar nicht in der Realität, aber doch in der Fantasie der Menschen.

Der moderne Mensch ist immer noch vom wilden Mann fasziniert und möchte an ihn glauben. Im Jahre 1913 tauchte ein Mann namens Joe Knowles auf, der einige Monate lang durch die Wildnis von Maine gewandert war und behauptete, Tiere mit bloßen Händen gejagt und er-

Dieser junge Mann, der wie ein Tier lebte, wurde im frühen 19. Jahrhundert in Frankreich gefunden. Er war etwa siebzehn Jahre alt. Zunächst wurde er für hoffnungslos schwachsinnig gehalten, aber nach fünf Jahren intensiver Beschäftigung mit einem Arzt, der sich für ihn interessierte, lernte er aufzustehen, ein wenig zu sprechen und einfache Aufgaben zu lösen. Trotzdem wurde er nie zu einem normalen Menschen: die Spannweite seiner Gefühle war beschränkt, und seine Reaktionen reichten oft nicht aus. Er starb im Alter von vierzig Jahren.

Rechts: Eine Szene aus dem Film *L'Enfant Sauvage,* den François Truffaut im Jahre 1970 über das Leben des wilden Jungen machte. Truffaut, der Regie führte, spielte auch den Arzt.

legt zu haben. Die Bürger von Boston und anderen Städten in Neuengland hießen diesen selbsternannten wilden Mann enthusiastisch willkommen; offenbar sehnten sie sich danach, daran zu glauben, daß man ganz auf sich allein gestellt in der Wildnis überleben könne. Später wurden Knowles' Behauptungen widerlegt, was zweifellos für viele eine Enttäuschung gewesen sein muß.

Ein gegenwärtiges Beispiel dafür, daß das Bild des wilden Mannes attraktiv ist, liefert die lange Haartracht, die manche jungen Männer bevorzugen. Es geht ihnen nicht einfach darum, das Haar lang zu tragen, was bis zum letzten Jahrhundert in der Gesellschaft als modisch und annehmbar galt, sondern darum, ihr langes Haar nicht zu kämmen und zu waschen, um eine absichtliche Zurückweisung der Zivilisation und eine Nähe zur unverfälschten Natur anzudeuten.

Wir sind gleichermaßen versucht zu glauben, daß der wilde Mann in das Selbstverständnis des modernen Menschen aufgenommen wurde, wenn wir manchen der extremeren Arten von Rockmusik lauschen, die in den letzten Jahren populär wurden, und wenn wir die modernen Tänze mit ihrem stillschweigenden Verzicht auf Formen und ihrer Zelebrierung des Primitiven beobachten. Unsere Vorfahren, die damit beschäftigt waren, eine Gesellschaft aufzubauen und Verhaltensregeln zu formulieren — was sie natürlich nicht daran hinderte, im Dienste einer von Kirche und Staat sanktionierten guten Sache Brutalität an den Tag zu legen —, hatten vielleicht das Bedürfnis, ihre eigenen primitiven Tendenzen durch einen imaginären wilden Mann auszudrücken. Heutzutage, da die Psychologie uns gezwungen hat, den wilden Mann, der in uns schlummert, anzuerkennen, dürfen wir ihm freien Lauf lassen — zumindest auf harmlose symbolische Weise, etwa durch ungekämmtes Haar und kreischende Popstars. In absehbarer Zeit wird die gegenwärtige Mode des wilden Mannes wahrscheinlich verblassen, genauso wie der mythische im Wald lebende wilde Mann Europas in der Dunkelheit untergetaucht ist. Doch es ist schwierig, sich vorzustellen, daß der wilde Mann in allen seinen Formen eines Tages völlig aus unserer Fantasie verschwunden sein könnte.

DER MENSCH ALS UNGEHEUER

Wenn man sich mit den Geschichten von Vampiren, Werwölfen, Zombies und all den anderen geheimnisvollen und unheimlichen Geschöpfen, die lebenden Menschen ähneln, beschäftigt, stößt man auf ein faszinierendes und schreckliches Rätsel. Es ist das Rätsel des menschlichen Geistes — einer unendlich komplexen Zusammenballung von Ängsten, Begierden, Hemmungen, Aggressionen und Idealen. Wir schmeicheln uns heute, daß wir die Welt mit wissenschaftlichem Verständnis betrachten und daß unsere Ideen den Vorstellungen der Logik gehorchen. Die meisten von uns blicken voller Entsetzen auf den Aberglauben zurück, der die Menschen früherer Zeiten fesselte und beschränkte. Allerdings bringen einige der heftigsten Kritiker des Übernatürlichen ihre Skepsis mit fast fanatischem Eifer zum Ausdruck. Sie erschrecken anscheinend bei dem Gedanken, daß vielleicht doch etwas Wahres am okkulten Glauben sein könnte. Ihr Widerwille ist verständlich, denn wenn wir die Extreme betrachten, zu denen die Menschen durch ihren Glauben an das Übersinnliche getrieben wurden — die grauenhaften Hexenprozesse zum Beispiel —, könnten wir zu dem Schluß kommen, daß es sich empfiehlt, gewisse Aspekte des Okkulten in der Hoffnung zu ignorieren, daß sie sich eines Tages unter dem hellen Licht der Wissenschaft verflüchtigen werden.

Wenn wir das Übersinnliche jedoch ignorierten, würden wir uns selbst eines wichtigen Schlüssels zu den Rätseln des menschlichen Geistes berauben. In unseren Mythen enthüllen wir uns selbst.

Man werfe zum Beispiel einen Blick auf den recht unkomplizierten Mythos der Riesen. Die Faszination, welche die Riesen ausüben, birgt nicht allzu Profundes in sich. Sie stellen ganz einfach unsere Sehnsucht nach übermenschlicher Macht und Stärke und — weniger vordergründig — unsere Ehrfurcht vor der Natur dar. In vielen Kulturen wird die Schöpfung der Welt einem Riesen zugeschrieben. Man kann mühelos verstehen, warum diese Erklärung plausibel wirkte. Die enorme Größe vieler Naturmerkmale — Meere, Gebirge, Schluchten — der Erde mußte die primitive Logik auf einen riesigen Schöpfer schließen lassen. Genauso mußten die heftigeren Launen der Natur wie Gewitter und Sturmfluten als Zeichen für den Unwillen des Riesengottes oder einfach als Erinnerungen an seine Macht interpretiert werden. Auf einer subtileren Ebene können die Kräfte der Natur — oder Merkmale der Tätigkeit des Riesen — die Kräfte symbolisieren, die der Mensch in sich selbst spürt und bis zu einem gewissen Grade fürchtet. Die Folklore der Britischen Inseln ist reich an fantasievollen Berichten darüber, wie Hügel, Täler und andere landschaftliche Besonderheiten von Riesen geschaffen wurden, die Schaufeln voll Erde umherwarfen oder enorme Felsbrocken ins Meer schleuderten. In ihrer Dichtung erwähnten die Angelsachsen oft »die Riesen«, die angeblich vor ihrer eigenen Ankunft Britannien bewohnten. In diesem Fall scheint sich der Mythos weniger auf natürliche Phänomene als auf die Bauten zu stützen, die von den Römern während ihrer vierhundertjährigen Herrschaft über die Insel errichtet wurden. Für die Angelsachsen müssen die Überreste der römischen Tempel, Befestigungen und Aquädukte die Möglichkeiten gewöhnlicher Sterblicher überstiegen haben. Daher nahmen sie an, daß eine Rasse von Riesen sie konstruiert haben mußte.

Interessant ist, wie weit der Glaube an eine solche Rasse von Riesen verbreitet war. Das Erste Buch Moses erwähnt solche Geschöpfe — die Sprößlinge von Engeln und irdischen Frauen. Eine Stelle in den Apokryphen bezieht sich auf einen Konflikt zwischen diesen Riesen und Gott. Der Mythos wurde schließlich in den Kampf zwischen Gott und Satan und die Verbannung Satans und seiner Kohorten umgewandelt, wie Milton sie im *Paradise Lost* beschreibt.

In der nordischen Mythologie war das erste lebende Wesen ein Riese namens Ymir. Er zeugte sowohl die menschliche Rasse in ihrer heutigen Form als auch eine Rasse von Frostriesen. Die amerikanischen Indianer der nordwestlichen Vereinigten Staaten und Kanadas besitzen viele Legenden von Urriesen mit kannibalistischen Neigungen. Die klassische griechische Mythologie gab uns die gewaltigen Titanen und die nicht weniger eindrucksvollen Giganten, die Schlangen als Füße hatten. Britischen Sagen zufolge wurde die Insel einst von einer Rasse von Riesen bewohnt, die Brutus, der Urvater der britischen Rasse (der nichts mit dem römischen Brutus zu tun hat), besiegte. Die beiden letzten Riesen dieser Art, Gog und Magog, sollen in die neugegründete Stadt London gebracht und dort gezwungen worden sein, als Pförtner zu dienen.

In dieser Geschichte findet sich ein anderes Motiv, das vielen Mythen von Riesen gemeinsam ist: das eines normal gewachsenen Menschen, der den Riesen überwindet. Immer wieder entdecken wir Erzählungen von einem grausamen Riesen, der die Gemeinschaft in Angst und Schrecken versetzt, bis er in einem furchtlosen und einfallsreichen jungen Mann seinen Meister findet. Das Märchen vom tapferen Schneiderlein ist ein vertrautes Beispiel für dieses Motiv. Etwas realistischer erscheint die biblische Geschichte von David und Goliath.

Goliath, der Vorkämpfer der Philister, soll »sechs Ellen und eine Spanne« (drei bis vier Meter) gemessen haben. Sein kupferner Kettenpanzer wog 5000 Schekel (rund zwei Zentner) und seine Speerspitze 600 Schekel. Er forderte die Israeliten heraus, einen Mann zu stellen, der gegen ihn kämpfen solle, um den Krieg zwischen den beiden Völkern

Peter Kürten, der gutangezogene deutsche Handwerker mit der leisen Stimme, der von Februar 1929 bis Mai 1930 die Straßen von Düsseldorf nach Opfern durchkämmte. Er ermordete Frauen und Kinder auf brutale Weise und trank dann ihr Blut.

Eine Illustration aus einer Abhandlung des 17. Jahrhunderts über Riesen. Der Verfasser glaubte, daß ein paar mächtige Knochen, die im 14. Jahrhundert in einer Höhle in Sizilien gefunden worden waren, einem Riesen gehörten, der nach den Sagen der Griechen dort gelebt haben sollte. Wahrscheinlicher ist, daß die Knochen zu prähistorischen Elefanten gehörten.

zu entscheiden. Er hatte nicht den geringsten Zweifel daran, daß die Philister durch ihn siegen würden. Bekanntlich trat ein Junge namens David gegen Goliath an und tötete ihn mit einem kleinen Stein aus seiner Schleuder.

Eine Sage aus dem Westen Englands liefert eine amüsante Abwandlung des Mythos vom Menschen, der einen Riesen überlistet. Ein walisischer Riese grollte dem Bürgermeister von Shrewsbury. Deshalb beschloß er eines Tages, den Fluß Severn einzudämmen, die Stadt zu überfluten und ihre Bewohner zu ertränken. Er machte sich mit einer großen Schaufelvoll Erde auf und wanderte viele Meilen. Aus irgendeinem Grunde verpaßte er die Stadt. In der Nähe von Wellington, etwa fünfzehn Meilen weiter, traf er einen Schuhmacher, der aus Shrewsbury zurückkehrte. Der Schuhmacher trug einen Sack mit alten Schuhen und Stiefeln, die er flicken sollte. Der Riese rief zu ihm hinab, um sich zu erkundigen, wie weit es noch bis Shrewsbury sei, und fügte hinzu, daß er vorhabe, die Bürger der Stadt zu ertränken. Da der Schuhmacher seine guten Kunden nicht verlieren wollte, versicherte er dem Riesen, daß er weder an jenem noch am nächsten Tage Shrewsbury erreichen würde. »Schau mich einmal an! Ich komme aus Shrewsbury, und seitdem ist soviel Zeit vergangen, daß ich mir all diese alten Stiefel und Schuhe auf der Straße abgelaufen habe.« Damit zeigte der Schuhmacher dem Riesen den mit Schuhwerk gefüllten Sack. Der Riese, der inzwischen völlig erschöpft war, beschloß, seinen Plan aufzugeben. Er ließ die Schaufelvoll Erde neben sich auf den Boden rieseln und stampfte nach Hause. Die Erde, die er fallengelassen hatte, brachte den Wrekin, einen hervorstechenden Hügel des Gebietes, hervor.

Diese Sage veranschaulicht die Neigung, den Mythos des Riesen zu entschärfen, indem man ihn als Dummkopf darstellt, der durch den spontanen Trick eines einfachen, aber schnell reagierenden Handwerkers abzuschrecken ist.

Insgesamt scheinen die verschiedenen Legenden darauf hinzudeuten, daß wir den Riesen teils deshalb schufen, um die Welt der Natur zu erklären, und teils deshalb, um eine unbewußte Sehnsucht auszudrücken, durch die wir an übergroße Menschen glauben und uns mit ihnen identifizieren möchten. Nachdem wir dieses fürchterliche Monstrum hervorgebracht hatten, mußten wir einen begleitenden Mythos schaffen, in dem wir den Riesen durch unsere Geschicklichkeit oder unsere überlegene Intelligenz besiegen.

In unserer komplexen Beziehung zu Tieren enthüllen wir noch mehr über unser Bild von uns selbst, unsere Ängste und Frustrationen. Ein Tier braucht nicht wild, stark oder giftig zu sein, um heftige Abwehrgefühle hervorzurufen. Ein häufiges Beispiel ist die Hauskatze, die für den Menschen ungefährlich ist und allgemein als schön angesehen wird, trotzdem aber bei manchen irrationale Furcht und Abscheu erweckt.

Der Riese entdeckt den Däumling und seine Brüder in dem Märchen von Perrault. Diese Geschichte gründet sich auf das häufige Motiv eines gewöhnlichen — oder winzigen — Menschen, der den grausamen Riesen durch seine Schläue besiegt oder ihm entkommt. In dieser Geschichte beschließt das Ungeheuer, die Kinder auf der Stelle zu töten und zu fressen, aber seine Frau, von freundlicherer Gesinnung, überredet ihn, bis zum Morgen zu warten. Während der Nacht überlistet der Däumling den Riesen, so daß er seine eigenen Töchter an ihrer Stelle ermordet.

Ein kleiner Junge tanzt mit einem Riesen, den er zum Freund gewonnen hat. Im Gegensatz zu den traditionellen sind moderne Riesen eher nette Burschen. In dieser Geschichte verursacht der Riese unabsichtlich durch seine schlechte Laune darüber, daß er nicht pfeifen kann, Erdbeben und Wirbelstürme. Der kleine Junge bringt es ihm gegen das Versprechen bei, sich nie wieder gehen zu lassen — und die Stürme hören auf. Die Erwachsenen haben keine Erklärung dafür, doch der kleine Junge weiß, was geschehen ist, verrät aber nichts.

Vlad Tepes genießt fröhlich eine Mahlzeit, während er dem Todeskampf seiner Opfer zuschaut, die auf einen Wald von Pfählen gespießt sind.

Andererseits identifizieren sich Menschen oft stark mit gewissen Tieren. In seinem Buch *The Naked Ape* gibt der Zoologe Desmond Morris eine Untersuchung wieder, die sich damit beschäftigt, welche Tiere von Kindern bevorzugt werden. Sie ergab, daß die zehn beliebtesten Tiere alle Säugetiere waren und daß sie alle ein oder mehr menschenähnliche Kennzeichen besaßen, etwa flache Gesichter, aufrechte Haltung wie bei Bären und Affen und nicht Federn oder Schuppen, sondern Haare. Der Löwe kam sowohl in der Liste der zehn beliebtesten als auch in der Liste der zehn unbeliebtesten Tiere vor. Morris meint, daß diese ambivalente Haltung zum Löwen einerseits auf seine »anziehenden anthropomorphen Kennzeichen« wie sein ausdrucksvolles Gesicht und seine Mähne und andererseits auf seine gewalttätige, räuberische Lebensweise und große Stärke zurückzuführen sei.

Manche Menschen identifizieren sich ganz und gar mit bestimmten Tieren. Historisch gibt es dafür gute Gründe. Der primitive Mensch legte in der ganzen Welt Tierverkleidung an, um erfolgreich zu jagen. In Afrika, wo Mensch und Tier zuerst und vielleicht am heftigsten aufeinanderprallten, nahmen die Tiere eine besondere und anhaltende Bedeutung für die Beschäftigung mit dem Übernatürlichen an. Der Jäger hing von den Gejagten ab, und der Mensch respektierte die Kraft des Tieres in solchem Maße, daß er sich bemühte, spezielle Bande zu ihm herzustellen und es sogar nachzuahmen.

Einige afrikanische Stämme entwickelten die Vorstellung der »Buschseele«. Es handelt sich um ein Tier, mit dem sich ein Mensch so vollkommen identifiziert, daß die beiden eins werden, untrennbar und austauschbar sind. »Die Theorie einer äußeren Seele, die in einem Tier ruht, scheint in Westafrika sehr verbreitet zu sein«, schrieb Sir James Frazer in *The Golden Bough*. »Man glaubt, daß jeder Zauberer bei der Weihe sein Leben mit dem eines bestimmten wilden Tieres vereint.« Dieses Bündnis wurde mit Hilfe der »Blutsbrüderschaft« geschlossen. Durch die rituelle Vermischung ihres Blutes sollte der Zauberer die Kraft und vermeintliche Unverwundbarkeit des Tieres gewinnen, während das Tier zu seinem dienstbaren Geist wurde, ihm willig gehorchte und ohne Zögern jene tötete, die seinen Herrn beleidigten. Frazer fügte hinzu, daß eine solche Blutsbeziehung nie mit einem Haustier, »sondern immer mit einem gefährlichen und wilden Tier, zum Beispiel einem Leoparden«, eingegangen wurde.

Die Identifikation mit Leoparden brachte ein unheimliches Ergebnis: Gesellschaften von Leopardenmännern. In Leopardenfelle gekleidet und mit Messern ausgerüstet, die drei Spitzen hatten und die Krallenmale des Leoparden nachbilden sollten, terrorisierten diese Mörderbanden die Bevölkerung von Westafrika. Die meisten Opfer waren Frauen. Nachdem der Leopardenmann eine Frau getötet hatte, indem er ihre Schlagader aufschlitzte, schnitt er ihre Brüste ab und aß sie auf. Dieser blut-

Kleidung eines Leopardenmannes aus dem
früheren Belgischen Kongo. In diesem Gebiet erreichte die Leopardengesellschaft anscheinend während der dreißiger Jahre ihren Höhepunkt und schrumpfte dann zusammen.

Die schreckliche Eisenwaffe, die in Form
von Leopardenklauen geschmiedet ist.

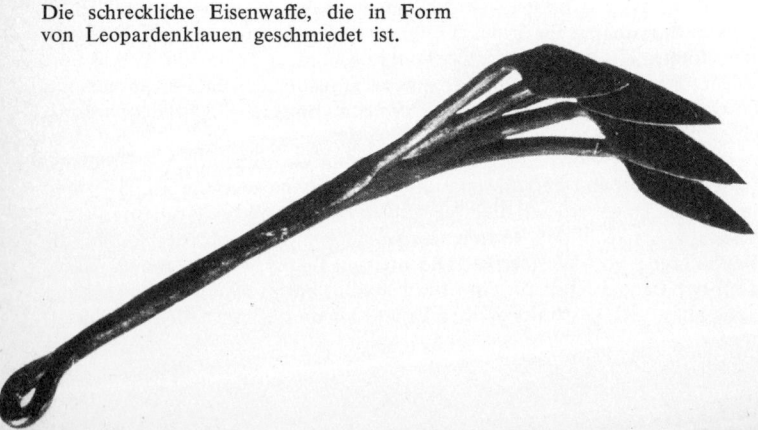

Dedan Kimathi, der Führer der Mau-Mau-Terroristen, der das hier gezeigte Leopardenfell trug, wurde nach einer sechsmonatigen Jagd durch den Dschungel von Kenia gefangen. Kimathi war ein schlauer und rücksichtsloser Mann, der seine Leute im frühen Stadium der Mau-Mau-Bewegung wirkungsvoll organisierte, um Farmen zu überfallen und in Besitz zu nehmen.

rünstige Kult hat sich bis ins 20. Jahrhundert erhalten. Im Jahre 1938 wurden 400 einheimische Frauen in der Nähe von Wamba im Belgischen Kongo, dem heutigen Zaire, ermordet. Ein Leopardenmann, der gefaßt wurde, führte die Polizei zu 38 weiblichen Leichen, deren Brüste sämtlich abgeschnitten worden waren. Afrika kannte ebenfalls Panthermänner, die sich wie Leopardenmänner und die europäischen Werwölfe angeblich in Tiere verwandelten, um ihre Opfer zu töten und Teile von ihnen zu verschlingen. Während eines Besuches in Westzentralafrika in den späten zwanziger Jahren unterhielt sich der amerikanische Schriftsteller William B. Seabrook ausführlich mit einem afrikanischen Büroangestellten, der in einem Pantherfell mit eisernen Krallen gefangen wurde, nachdem er ein Mädchen auf einem Dschungelpfad umgebracht hatte. Tei — so hieß der Büroangestellte — beharrte darauf, daß er bei solchen Gelegenheiten tatsächlich zu einem Panther werde, daß die Verkleidung nur als Hilfsmittel bei der Verwandlung diene und daß es »schöner« sei, »ein Panther zu sein«, als ein Mensch. Seabrook wies darauf hin, daß Tei dem Mädchen und den Augenzeugen des Mordes tatsächlich wie ein echter Panther vorgekommen sein muß, als er in seiner Pantherverkleidung brüllend von einem Baum sprang und die Kehle seines Opfers mit seinen Krallen zerriß.

Eine andere Fähigkeit, die wir im Laufe unserer ganzen Geschichte immer begehrt haben, ist die Macht des ewigen Lebens. Bei den meisten Menschen hat dieser Wunsch die Form eines religiösen Glaubens an die Unsterblichkeit der Seele angenommen — oder vielleicht an das Leben in einem anderen Körper nach dem Tode der irdischen Hülle. Der Vampirmythos gibt diese Sehnsucht in grotesker und verzerrter Gestalt wieder. Der Vampir kann seinen eigenen Körper erhalten, indem er sich vom Blut der Lebenden ernährt. Natürlich beteuern die Erzähler von Vampirgeschichten ihren Abscheu vor dieser Idee, und diejenigen, die an Vampire glauben, fürchten sich aufrichtig vor ihnen. Trotzdem hat diese Vorstellung für manche Menschen ihren Reiz. Die kürzlich entdeckte Tatsache, daß sich ebenso viele psychisch Kranke mit Graf Dracula wie mit Napoleon identifizieren, deutet darauf hin, daß diese parasitäre Form der Macht für einige gestörte Persönlichkeiten ebenso verlockend ist wie militärische und politische Macht für andere.

Für manche gestörte Gemüter besteht der Vampirwahn nicht darin, daß sie sich selbst mit dem Grafen Dracula identifizieren, sondern darin, daß sie einen echten pathologischen Blutdurst entwickeln. Solche Menschen verstehen das Saugen von Blut — wie die übernatürlichen Vampire, die aus ihren Gräbern auferstehen — als eine Art der Wiederbelebung, wenn auch nur im symbolischen oder psychologischen Sinne.

Neben seiner offensichtlichen physischen Bedeutung hat das Blut für uns immer eine große Rolle gespielt. Viele Menschen setzten das Blut mit der Seele gleich — eine Idee, die sich eindeutig aus der Tatsache ergibt, daß ein Verletzter stirbt, wenn er zuviel Blut verliert. Manche Menschen trinken rituell das Blut gewisser Tiere, weil sie glauben, sich dadurch die Eigenschaften anzueignen, die sie an dem Tier bewundern. In der Frühzeit tranken zum Beispiel norwegische Jäger das Blut des Bären, um seine große Kraft zu übernehmen.

Man nimmt oft an, daß der menschliche Vampir nach der Vampirfledermaus benannt wurde, aber in Wirklichkeit war es genau umgekehrt. Die Vampirfledermaus, die in Mexiko und Südamerika ansässig ist, wurde erst im 19. Jahrhundert von der Wissenschaft entdeckt, also lange nachdem der menschliche Vampir zu einem Teil der europäischen Mythologie geworden war. Die Fledermaus saugt das Blut ihrer Opfer — gewöhnlich Rinder oder Menschen — nicht tatsächlich, sondern leckt es mit der Zunge auf, nachdem sie die Haut mit den Zähnen durchbohrt hat.

Die Vampirfledermaus verkörpert den Vampirismus in einer völlig natürlichen Form. Die Fledermaus muß sich einfach von Blut ernähren, um zu überleben. Natürlich ist sie gefährlich, da sie Tollwut verbreiten kann. Doch der unheimliche und abscheuliche Aspekt ihres Überfalls wird ihr weitgehend von den Menschen untergeschoben — teils als Reaktion auf das häßliche Aussehen des Tieres, durch das auch völlig harmlose Fledermäuse einen Schauder hervorrufen, und teils durch die Assoziationen mit dem menschlichen Vampirismus.

Wenn wir die Extremfälle von Menschen, die nach Blut dürsten, und von psychisch Kranken, die davon überzeugt sind, Graf Dracula zu sein, beiseite lassen, bleibt immer noch die enorme Popularität der Vampirgeschichten — und die Beliebtheit des Vampirs selbst — bei völlig normalen Menschen. Auf einer Ebene kann die Attraktivität dieser Geschichten mit der Freude am Gruseln erklärt werden. Jede Schauergeschichte, so schlecht geschrieben sie auch sein mag, hat fast automatisch einen gewissen Erfolg. Aber die Vorliebe für Dracula und seine Gattung liegt tiefer. Der Wunsch nach Unsterblichkeit, der gelegentlicht durch die Entdeckung einer gesund wirkenden Leiche unterstützt wurde, mag den Vampirmythos geschaffen haben, doch die anhaltende Attraktivität des literarischen Vampirs hat mehr mit Sex als mit Unsterblichkeit zu tun.

Jede Geschichte und jeder Film über Vampire enthält ein unverhüllt sexuelles Element. Draculas Opfer ist gewöhnlich eine schöne junge Frau; weibliche Vampire suchen sich gutaussehende Männer aus. Der Angriff selbst ist eine Perversion des harmlosen Liebesbisses — oder, von einem anderen Standpunkt aus, der Liebesbiß ist eine harmlose Version des Vampirüberfalls. Die sexuelle Bedeutung liegt jedenfalls auf der Hand. Außerdem hat sie eine eindeutig sadomasochistische Komponente — der Vampir dominiert, verletzt und tötet schließlich in einer erotischen Situation. Das scheint bei vielen Lesern und Filmanhängern eine Saite anklingen zu lassen. Auf die weite Verbreitung solcher sexuellen Gefühle kann aus der enormen Menge von Fan-Briefen geschlossen werden, welche die Dracula-Darsteller von Frauen bekommen.

Interessant ist auch, wie populär Vampirgeschichten im England des späten 19. Jahrhunderts waren. In jener gehemmten Gesellschaft wurden das Abenteuerliche, das Gewalttätige und das Spukhafte der Geschichten betont, während das sexuelle Element heruntergespielt wurde. Trotzdem war der sexuelle Aspekt immer noch deutlich vorhanden und konnte unbewußt von ehrbaren Lesern genossen werden, die unter dem Eindruck standen, nur eine gute Schauergeschichte zu lesen.

Gegen Ende des 19. Jahrhunderts begann man, einige der gesellschaftlich weniger annehmbaren Seiten des menschlichen Charakters zu erkennen — in erster Linie dank der Pionierarbeit von Sigmund Freud. Heutzutage halten gebildete Erwachsene solche Begriffe wie infantile Sexualität und die Konflikte zwischen unserem Bewußtsein und Unterbewußtsein für selbstverständlich. Die klinische Psychologie hat sorgar greifbare Fälle von Persönlichkeitsspaltung aufgezeigt, bei der zwei oder mehr unterschiedliche Persönlichkeiten denselben Körper bewohnen und zu verschiedenen Zeiten hervorkommen. Die wahre Geschichte von *The Three Faces of Eve* ist ein Beispiel dafür. Fälle von mehr als einer Persönlichkeit ergeben sich anscheinend aus dem Widerstreit von Elementen innerhalb der menschlichen Psyche. Diese Konflikte haben zur Folge, daß sich die Psyche in verschiedene Teile aufspaltet, damit die widersprüchlichen Triebe ausgedrückt werden können. Doch die Komplexität der menschlichen Natur ist zu jeder Zeit von intelligenten Schriftstellern durchschaut worden. Die interessanteste Geschichte einer Persönlichkeitsspaltung ist ein literarisches Werk, das von Robert Louis Stevenson im späten 19. Jahrhundert geschrieben wurde.

The Strange Case of Dr. Jekyll and Mr. Hyde ist zunächst eine vorzügliche Schauergeschichte. Sie liegt in etwa auf der Linie der Werwolftradition, da der Held die Macht hat, sich in ein gefährliches und böses Wesen zu verwandeln, wobei er sein Äußeres und sogar seine Größe verändert.

Der körperliche Unterschied zwischen dem ehrbaren Dr. Jekyll und seinem dämonischen anderen Ich, Mr. Hyde, ist von psychologischer Bedeutung, abgesehen davon, daß der Verfasser sie von den anderen Personen der Geschichte abheben muß. Hydes geringere Größe und sein leichterer Schritt scheinen die »Unbesorgtheit« des Bösen anzudeuten. Gleichzeitig wird impliziert, daß Jekylls Statur und sein schwererer Schritt seine moralische Haltung anzeigen. Das Motiv des behaarten wilden Mannes taucht in der Beschreibung der Hände auf: »... die Hand von Henry Jekyll ... gehörte nach Form und Größe einem Mitglied des gehobenen Standes; sie war ausladend, fest, weiß und anmutig. Doch die halbgeschlossene Hand, die ich jetzt im gelben Licht eines Morgens im mittleren London deutlich genug auf der Bettdecke liegen sah, war bleiern, sehnig, knochig von düsterer Blässe und dicht überschattet von dunklem Haarwuchs.« Einige Filmversionen der Geschichte haben Hyde ebenfalls mit einem behaarten Gesicht dargestellt und dadurch eine starke Ähnlichkeit mit dem Werwolf aufkommen lassen. Aber der Autor betont mehrere Male, daß Hydes Gesicht nicht körperlich abstoßend ist. »›Er sieht ungewöhnlich aus‹« meint eine der Personen, »›und doch kann ich nicht sagen, was an ihm nicht normal ist.‹« »Er machte den Eindruck, verkrüppelt zu sein, ohne daß er eine sichtbare Mißbildung hatte.« Es ist Hydes Gesichtsausdruck, besonders sein »unangenehmes Lächeln«, das andere Menschen mit Abscheu auf ihn reagieren läßt. Jekyll macht eine Bemerkung dazu, als er über seine zweite Persönlichkeit spricht: »... niemand konnte sich mir nähern, ohne sichtbar zu schaudern. Das, nehme ich an, war deshalb so, weil alle Menschen, denen wir begegnen, aus Gutem und Bösem zusammengesetzt sind, doch Edward Hyde war als einziger unter allen Menschen das reine Böse.«

Die Größe des Buches ergibt sich aus seiner psychologischen Spannung. Durch seine Bemühung, die gute und die böse Seite seiner Persönlichkeit voneinander zu trennen, verursacht Jekyll seinen eigenen Untergang. Seine Absicht ist, den Zwiespalt zu mildern, den er spürt, wenn er versucht, seine moralischen Schwächen zu überwinden, und dadurch der völlig ernsthafte, rechtschaffene Gentleman zu werden, der er seiner Meinung nach sein müßte.

Jekyll macht bei seinem Experiment den fatalen Fehler, daß er die Trennung von Gut und Böse zum erstenmal versucht, als die niedrigeren Aspekte seines Charakters vorherrschen. »Zu jener Zeit schlummerte meine gute Seite; das Böse in mir, das durch seinen Ehrgeiz wachgehalten wurde, war auf der Hut und nutzte die Gelegenheit; und das Ding, das entstand, war Edward Hyde.« Wenn Hyde die Mixtur schluckt, die Jekyll gebraut hat, wird er in Jekyll zurückverwandelt — aber es ist derselbe Jekyll mit all seinen quälenden inneren Konflikten. Da Hyde — die Abstraktion von Jekylls unbewußten und unterdrückten Aggressionen — »ganz aus einem Stück« ist, erweist er sich als stärker als der unsichere Jekyll und zerstört ihn allmählich.

Innerhalb von sechs Monaten nach seiner Veröffentlichung im Jahre 1886 waren 40 000 Exemplare des Buches verkauft worden. Es stand im Mittelpunkt von Dinnergesprächen und Sonntagspredigten. Mit seinem moralischen Tonfall, der zu der Brutalität kontrastierte, mußte es einfach Erfog haben, doch seine Beliebtheit hat auch in unserer weniger moralistischen Zeit überdauert. Es ist mehrere Male verfilmt worden, und zweifellos wird jemand eines Tages ein Musical daraus machen.

In den Jahren seit der Veröffentlichung von *Dr. Jekyll und Mr. Hyde* haben sich Psychologen dem Problem unserer widersprüchlichen Natur auf vielfältige Weise genähert und eine Vielfalt von Erklärungen produziert. Für den Durchschnittsmenschen bleibt das Problem jedoch ein Rätsel — ein Rätsel, das ständig neue Aspekte enthüllt. Es mag plausible soziologische und psychologische Gründe dafür geben, daß zum Beispiel ein Mörder der Mafia oder der Kommandant eines nationalsozialistischen Konzentrationslagers gleichzeitig ein liebevoller Ehemann und Vater sein kann, doch diese scheinbare Unstimmigkeit fasziniert und entsetzt uns.

Viele Menschen, die sich selbst für unfähig halten, einem anderen Schmerz zuzufügen, haben nichts dagegen oder sind sogar begierig darauf, Zuschauer zu sein, wenn Schmerz zugefügt wird. Die öffentlichen Hinrichtungen, die unsere Vorfahren unterhielten, sind weitgehend veschwunden, doch nach einem Flugzeugabsturz ziehen die verstümmelten Körper auch aus der Ferne Horden von Gruselsüchtigen an. Die Verleger des amerikanischen Massenblattes *The National Enquirer* wissen genau, was sie tun, wenn sie die abscheulichsten Grausamkeiten mit Riesenlettern auf der Titelseite veröffentlichen. Dadurch verkauft sich die Zeitung. Meinen die Leser wirklich, was sie sagen, wenn sie nach Luft schnappen und »Wie schrecklich!« rufen? Ist in den Artikeln vielleicht etwas verborgen, was sie insgeheim anspricht? Interessant ist, daß die Vorschau auf Filme, die Brutalität enthalten, hauptsächlich aus diesen brutalen Szenen besteht. Sie gelten als die attraktivste Seite des Films — und diese Annahme gründet sich höchstwahrscheinlich auf Marktforschungen. Jemand, der einen Selbstmord plant und auf dem Sims eines hohen Gebäudes zögert, wird immer eine große Menge Neugieriger anziehen, und oft sind einige dabei, die ihn ermuntern: »Spring! Spring!«

Der Pöbel als Ungeheuer ist heute fast zu einer Selbstverständlichkeit geworden. Krawalle überraschen uns nicht mehr, und schließlich können wir sie mit angestauter Wut, Rassenhaß und Furcht erklären — Motivationen, die man vielleicht nicht entschuldigen, aber jedenfalls verstehen kann.

Unser Verständnis läßt uns jedoch im Stich, wenn wir uns mit Geschichten von wirklichen menschlichen Ungeheuern beschäftigen — Menschen, für die es eine Quelle der Lust ist, anderen Schmerz zuzufügen. Zu ihnen gehörte Vlad Tepes, Beherrscher der Walachei (heute ein Teil Rumäniens) von 1431 bis 1477. Ein Teil seines Ruhmes gründete sich auf seinen Mut in der Schlacht. Als Vlad einen großen Sieg über die unchristlichen Türken errang, läuteten die Glocken der Christenheit triumphierend bis zur Insel Rhodos.

Vlad war als Dracula bekannt, was Teufel oder Drachen bedeutete. Diese Namen benutzte Bram Stoker für seinen blutdürstigen Grafen in dem berühmten Roman, aber Vlad selbst war kein Vampir. Verglichen mit dem Verbrechen des wahren Dracula erscheint die Blutsaugerei seines literarischen Namensvetters wie ein harmloser Scherz. Vlad machte

John George Haigh behauptete, neun Menschen vor allem deshalb getötet zu haben, um ihr Blut zu trinken, dessen Bankkonto jedoch nach jedem Mord anwuchs. Er löste die Leichen in riesigen Wasserfässern auf, die mit Schwefelsäure gefüllt waren. Obwohl er auf Unzurechnungsfähigkeit plädierte, wurde er gehenkt.

Peter Kürten verhielt sich so normal, daß seine Nachbarn von einem Irrtum überzeugt waren, nachdem er als »Ungeheuer von Düsseldorf« verhaftet worden war. Er gab eiskalt etwa sechzig Verbrechen zu, wie Brandstiftung, Diebstahl, Vergewaltigung und Mord. Seinen ersten Mord verübte er noch als Kind, als er Spielgefährten ertränkte.

sich einen Spaß daraus, seine Feinde mit Holzpfählen aufzuspießen. »Tepes« bedeutet »der Pfähler«. Einmal pfählte der siegreiche Vlad 20 000 seiner Feinde. Die geringste Herausforderung genügte ihm als Anlaß. Nach einem Sieg setzten sich Vlad und einige Gäste, umringt von langsam sterbenden Opfern, zum Mahl. Als einer der Gäste es wagte, über die Schreie und den Gestank eine Bemerkung zu machen, wurde er sofort auf einen besonders hohen Pfahl gespießt, damit er über den Gerüchen stand, über die er sich so unklug beklagt hatte.

In Gilles de Rais oder Retz, einem Marschall von Frankreich, der zur selben Zeit wie Vlad lebte, haben wir eine komplexere Persönlichkeit vor uns. De Rais war nicht nur ein mutiger Soldat, der an der Seite von Johanna von Orleans kämpfte, sondern auch ein gebildeter und scheinbar frommer Mann. Im Jahre 1440 wurde er jedoch vor Gericht gestellt und des Mordes an etwa 140 Kindern angeklagt. Damit nicht genug — die Anklage lautete, daß die Morde mit äußerster Grausamkeit und von sexuellen Perversionen begleitet vollzogen wurden. In einem zeitgenössischen Bericht steht: »Die auf das ungeheuerlichste verdorbene Fantasie hätte sich nicht ausmalen können, was die Verhandlung enthüllte.« Unter anderem wurde de Rais bezichtigt, sich auf den Eingeweiden eines sterbenden Jungen niedergelassen zu haben, während er dessen Blut trank. Anscheinend war er von Blut besessen und befahl seinem Diener, die Schlagader der Kinder aufzustechen, so daß ihr Blut über ihn hinwegsprudelte. Nachdem er selbst gefoltert worden war, bekannte sich de Rais öffentlich schuldig zu allen Anklagepunkten und bat die Eltern seiner Opfer um Verzeihung. Er wurde verbrannt, nachdem man ihn erwürgt hatte — das war ein Gnadenakt dafür, daß er sein Geständnis nicht widerrief.

Unserer eigenen Zeit steht der Fall von Fritz Haarman, dem Vampir von Hannover, näher. Ihm wurde dieser Name verliehen, weil er so viele seiner Opfer mit einem Biß in die Kehle umbrachte. Dann zerschnitt er sie und aß ihr Fleisch entweder selbst oder verkaufte es an Wurststeller. Es war gerade nach dem ersten Weltkrieg, als Fleisch knapp war und Schlachter nicht allzuviel Aufhebens machten. Im Jahre 1924 wurde Haarman wegen Mordes an 50 Jungen verurteilt.

John George Haigh, der englische Säuremörder, der im Jahre 1949 gehängt wurde, soll ein Vampir gewesen sein. Er selbst behauptete, das Blut seiner Opfer getrunken zu haben, obwohl es sich um einen Versuch gehandelt haben mag, dem Galgen dadurch zu entgehen, daß er für unzurechnungsfähig erklärt wurde. Basil Copper, einer der Biographen von Haigh, meint: »Ich habe nicht den geringsten Zweifel daran, daß John George Haigh ein Vampir in der klassischen Tradition war, möglicherweise das einzige wahre Ungeheuer dieser Art im 20. Jahrhundert.«

Zwei der berüchtigtsten Mörder der Moderne, Ian Bradley und Myra

Hindley, leben noch im Gefängnis. Das Paar, genannt die »Moormörder«, folterte und tötete eine Anzahl Kinder und nahm ihre Schreie auf Band auf, um sich später daran zu ergötzen.

Diese abscheulichen Beispiele des Sadismus führen uns zu dem Mann, von dem wir die Bezeichnung für solche Taten ableiten: dem Marquis de Sade. De Sade war nicht für Massenfolterungen der Größenordnung verantwortlich, wie sie Vlad der Pfähler praktizierte, aber daran war nur ein Mangel an Gelegenheit, nicht etwa übertriebene Zurückhaltung schuld. De Sade glaubte daran, daß sexuelle Lust nicht nur dadurch erzielt werden könne, daß man Schmerz verursacht, sondern im Grunde am besten dadurch zu erreichen sei. Er entwickelte dieses Thema in ermüdender Breite und mit quälerischen Details in Romanen wie *Justine* und *Die 120 Tage von Sodom*.

Während der Perioden seines Lebens, die er nicht für seine Taten im Gefängnis verbrachte, verwirklichte er seine Fantasien mit verschiedenen Opfern, von denen einige dazu gezwungen wurden, andere sich ihm aber überraschend bereitwillig anschlossen. Seine letzten Jahre erlebte er im Irrenhaus von Charenton, wohin ihn die junge Schauspielerin Marie-Constance Quesnet begleitete.

De Sades greuliche Praktiken stützen sich auf eine Art Philosophie. In der Zeitschrift *Horizont* faßt der Schriftsteller Anthony Burgess diese Philosophie in einem Artikel mit dem Titel »Unser Bettgefährte, der Marquis de Sade« zusammen. Nach de Sade, sagte er, gebe es keinen Gott, sondern nur eine Göttin, die sich in der Natur verkörpert. »Wir sind ihr völlig unterworfen, ein Teil von ihr, und wir müssen in unseren eigenen Taten ihre schrecklichsten und ungeheuerlichsten Impulse ausführen. Die Natur ist schöpferisch ... aber sie ist auch destruktiv, sie weidet sich an Erdbeben, Stürmen, Überschwemmungen, Vulkanausbrüchen. Doch dieser destruktive Drang steht im Dienste der Schöpfung neuer Lebensformen. Ein riesiger Schmelztopf ist immer am Sieden; in ihn werden ihre alten Geschöpfe geworfen, um umgewandelt wiederaufzutauchen. Die Muster der Grausamkeit, die der Mensch entwickelt, sind eine Manifestation ganz unpersönlicher oder, besser gesagt, präpersönlicher Energie. Persönliche Schuld ist bedeutungslos, da das erste Gesetz des Lebens darin besteht, die Welt so zu akzeptieren, wie sie ist.«

Burgess hebt hervor, daß de Sades Menschenbild unglücklicherweise durch tatsächliche Geschehnisse fest untermauert wird. »Im sittenlosen Frankreich der vorrevolutionären Ära, in den fürchterlichen Taten der Schreckensherrschaft sah de Sade umfassendes Beweismaterial dafür, daß das menschliche Verlangen nach Lust am befriedigendsten durch die Ausübung von Macht und Grausamkeit gestillt wird. Seine eigenen privaten Orgien, die extravaganten Ausschweifungen seiner Bücher — was waren sie anderes als ein bescheidener Abglanz dessen, wie sich die große Welt außerhalb des Schlosses verhielt?«

Lynchjustiz durch den Ku-Klux-Klan. Die Körper der gehängten Männer baumeln leblos über den Köpfen des befriedigten Pöbels.

Gilles des Laval, Baron de Rais. Er war ein reicher und mächtiger Mann, der sich im öffentlichen Leben mutig und unerschrocken, kultiviert und fromm zeigte. In seinem grauenhaften Privatleben ließ er 140 Kinder im Laufe von unglaublichen sexuellen Perversionen ermorden.